Oh, That Uncle Joe!

BIDEN, BIDEN, AND ONLY BIDEN!

Erik O'Neill

BIDEN

Biden, Biden, Biden.

BIDEN

	Biden	i
1	Biden	1
2	Biden	5
3	Biden	9
4	Biden	13
5	Biden	17
6	Biden	21
7	Biden	25
8	Biden	29
9	Biden	33
10	Biden	37

BIDEN

Biden.
Biden.
Biden.
Biden.

1 BIDEN

Biden Biden Biden Biden Biden Biden Biden Biden Biden Biden Biden
Biden Biden Biden Biden Biden Biden Biden Biden Biden Biden Biden
Biden Biden Biden Biden Biden Biden Biden Biden Biden Biden Biden
Biden Biden Biden Biden Biden Biden Biden Biden Biden Biden Biden
Biden Biden Biden Biden Biden Biden Biden Biden Biden Biden Biden
Biden Biden Biden Biden Biden Biden Biden Biden Biden Biden Biden
Biden Biden Biden Biden Biden Biden Biden Biden Biden Biden Biden
Biden Biden Biden Biden Biden Biden Biden Biden Biden Biden Biden
Biden Biden Biden Biden Biden Biden Biden Biden Biden Biden Biden
Biden Biden Biden Biden Biden Biden Biden Biden Biden Biden Biden
Biden Biden Biden Biden Biden Biden Biden Biden Biden Biden Biden
Biden Biden Biden Biden Biden Biden Biden Biden Biden Biden Biden
Biden Biden Biden Biden Biden Biden Biden Biden Biden Biden Biden
Biden Biden Biden Biden Biden Biden Biden Biden Biden Biden Biden
Biden Biden Biden Biden Biden Biden Biden Biden Biden Biden Biden
Biden Biden Biden Biden Biden Biden Biden Biden Biden Biden Biden
Biden Biden Biden Biden Biden Biden Biden Biden Biden Biden Biden
Biden Biden Biden Biden Biden Biden Biden Biden Biden Biden Biden
Biden Biden Biden Biden Biden Biden Biden Biden Biden Biden Biden
Biden Biden Biden Biden Biden Biden Biden Biden Biden Biden Biden
Biden Biden Biden Biden Biden Biden Biden Biden Biden Biden Biden
Biden Biden Biden Biden Biden Biden Biden Biden Biden Biden Biden
Biden Biden Biden Biden Biden Biden Biden Biden Biden Biden Biden
Biden Biden Biden Biden Biden Biden Biden Biden Biden Biden Biden
Biden Biden Biden Biden Biden Biden Biden Biden Biden Biden Biden
Biden Biden Biden Biden Biden Biden Biden Biden Biden Biden Biden
Biden Biden Biden Biden Biden Biden Biden Biden Biden Biden Biden

Biden Biden Biden Biden Biden Biden Biden Biden Biden Biden Biden
Biden Biden Biden Biden Biden Biden Biden Biden Biden Biden Biden
Biden Biden Biden Biden Biden Biden Biden Biden Biden Biden Biden
Biden Biden Biden Biden Biden Biden Biden Biden Biden Biden Biden
Biden Biden Biden Biden Biden Biden Biden Biden Biden Biden Biden
Biden Biden Biden Biden Biden Biden Biden Biden Biden Biden Biden
Biden Biden Biden Biden Biden Biden Biden Biden Biden Biden Biden
Biden Biden Biden Biden Biden Biden Biden Biden Biden Biden Biden
Biden Biden Biden Biden Biden Biden Biden Biden Biden Biden Biden
Biden Biden Biden Biden Biden Biden Biden Biden Biden Biden Biden
Biden Biden Biden Biden Biden Biden Biden Biden Biden Biden Biden
Biden Biden Biden Biden Biden Biden Biden Biden Biden Biden Biden
Biden Biden Biden Biden Biden Biden Biden Biden Biden Biden Biden
Biden Biden Biden Biden Biden Biden Biden Biden Biden Biden Biden
Biden Biden Biden Biden Biden Biden Biden Biden Biden Biden Biden
Biden Biden Biden Biden Biden Biden Biden Biden Biden Biden Biden
Biden Biden Biden Biden Biden Biden Biden Biden Biden Biden Biden
Biden Biden Biden Biden Biden Biden Biden Biden Biden Biden Biden
Biden Biden Biden Biden Biden Biden Biden Biden Biden Biden Biden
Biden Biden Biden Biden Biden Biden Biden Biden Biden Biden Biden
Biden Biden Biden Biden Biden Biden Biden Biden Biden Biden Biden
Biden Biden Biden Biden Biden Biden Biden Biden Biden Biden Biden
Biden Biden Biden Biden Biden Biden Biden Biden Biden Biden Biden
Biden Biden Biden Biden Biden Biden Biden Biden Biden Biden Biden
Biden Biden Biden Biden Biden Biden Biden Biden Biden Biden Biden
Biden Biden Biden Biden Biden Biden Biden Biden Biden Biden Biden
Biden Biden Biden Biden Biden Biden Biden Biden Biden Biden Biden
Biden Biden Biden Biden Biden Biden Biden Biden Biden Biden Biden
Biden Biden Biden Biden Biden Biden Biden Biden Biden Biden Biden
Biden Biden Biden Biden Biden Biden Biden Biden Biden Biden Biden
Biden Biden Biden Biden Biden Biden Biden Biden Biden Biden Biden
Biden Biden Biden Biden Biden Biden Biden Biden Biden Biden Biden
Biden Biden Biden Biden Biden Biden Biden Biden Biden Biden Biden
Biden Biden Biden Biden Biden Biden Biden Biden Biden Biden Biden
Biden Biden Biden Biden Biden Thiden Biden! Biden Biden Biden Biden
Biden Biden Biden Biden Biden Biden Biden Biden Biden Biden Biden
Biden Biden Biden Biden Biden Biden Biden Biden Biden Biden Biden
Biden Biden Biden Biden Biden Biden Biden Biden Biden Biden Biden
Biden Biden Biden Biden Biden Biden Biden Biden Biden Biden Biden
Biden Biden Biden Biden Biden Biden Biden Biden Biden Biden Biden
Biden Biden Biden Biden Biden Biden Biden Biden Biden Biden Biden
Biden Biden Biden Biden Biden Biden Biden Biden Biden Biden Biden

Biden Biden Biden Biden Biden Biden Biden Biden Biden Biden Biden
Biden Biden Biden Biden Biden Biden Biden Biden Biden Biden Biden
Biden Biden Biden Biden Biden Biden Biden Biden Biden Biden Biden
Biden Biden Biden Biden Biden Biden Biden Biden Biden Biden Biden
Biden Biden Biden Biden Biden Biden Biden Biden Biden Biden Biden
Biden Biden Biden Biden Biden Biden Biden Biden Biden Biden Biden
Biden Biden Biden Biden Biden Biden Biden Biden Biden Biden Biden
Biden Biden Biden Biden Biden Biden Biden Biden Biden Biden Biden
Biden Biden Biden Biden Biden Biden Biden Biden Biden Biden Biden
Biden Biden Biden Biden Biden Biden Biden Biden Biden Biden Biden
Biden Biden Biden Biden Biden Biden Biden Biden Biden Biden Biden
Biden Biden Biden Biden Biden Biden Biden Biden Biden Biden Biden
Biden Biden Biden Biden Biden Biden Biden Biden Biden Biden Biden
Biden Biden Biden Biden Biden Biden Biden Biden Biden Biden Biden
Biden Biden Biden Biden Biden Biden Biden Biden Biden Biden Biden
Biden Biden Biden Biden Biden Biden Biden Biden Biden Biden Biden
Biden Biden Biden Biden Biden Biden Biden Biden Biden Biden Biden
Biden Biden Biden Biden Biden Biden Biden Biden Biden Biden Biden
Biden Biden Biden Biden Biden Biden Biden Biden Biden Biden Biden
Biden Biden Biden Biden Biden Biden Biden Biden Biden Biden Biden
Biden Biden Biden Biden Biden Biden Biden Biden Biden Biden Biden
Biden Biden Biden Biden Biden Biden Biden Biden Biden Biden Biden
Biden Biden Biden Biden Biden Biden Biden Biden Biden Biden Biden
Biden Biden Biden Biden Biden Biden Biden Biden Biden Biden Biden
Biden Biden Biden Biden Biden Biden Biden Biden Biden Biden Biden
Biden Biden Biden Biden Biden Biden Biden Biden Biden Biden Biden
Biden Biden Biden Biden Biden Biden Biden Biden Biden Biden Biden
Biden Biden Biden Biden Biden Biden Biden Biden Biden Biden Biden
Biden Biden Biden Biden Biden Biden Biden Biden Biden Biden Biden
Biden Biden Biden Biden Biden Biden Biden Biden Biden Biden Biden
Biden Biden Biden Biden Biden Biden Biden Biden Biden Biden Biden
Biden Biden Biden Biden Biden Biden Biden Biden Biden Biden Biden
Biden Biden Biden Biden Biden Biden Biden Biden Biden Biden Biden
Biden Biden Biden Biden Biden Biden Biden Biden Biden Biden Biden
Biden Biden Biden Biden Biden Biden Biden Biden Biden Biden Biden
Biden Biden Biden Biden Biden Biden Biden Biden Biden Biden Biden
Biden Biden Biden Biden Biden Biden Biden Biden Biden Biden Biden
Biden Biden Biden Biden Biden Biden Biden Biden Biden Biden Biden

Biden Biden Biden Biden Biden Biden Biden Biden Biden Biden Biden Biden
Biden Biden Biden Biden Biden Biden Biden Biden Biden Biden Biden
Biden Biden Biden Biden Biden Biden Biden Biden Biden Biden Biden
Biden Biden Biden Biden Biden Biden Biden Biden Biden Biden Biden
Biden Biden Biden Biden Biden Biden Biden Biden Biden Biden Biden
Biden Biden Biden Biden Biden Biden Biden Biden Biden Biden Biden
Biden Biden Biden Biden Biden Biden Biden Biden Biden Biden Biden
Biden Biden Biden Biden Biden Biden Biden Biden Biden Biden Biden
Biden Biden Biden Biden Biden Biden Biden Biden Biden Biden Biden
Biden Biden Biden Biden Biden Biden Biden Biden Biden Biden Biden
Biden Biden Biden Biden Biden Biden Biden Biden Biden Biden Biden
Biden Biden Biden Biden Biden Biden Biden Biden Biden Biden Biden
Biden Biden Biden Biden Biden Biden Biden Biden Biden Biden Biden
Biden Biden Biden Biden Biden Biden Biden Biden Biden Biden Biden
Biden Biden Biden Biden Biden Biden Biden Biden Biden Biden Biden
Biden Biden Biden Biden Biden Biden Biden Biden Biden Biden Biden
Biden Biden Biden Biden Biden Biden Biden Biden Biden Biden Biden
Biden Biden Biden Biden Biden Biden Biden Biden Biden Biden Biden
Biden Biden Biden Biden Biden Biden Biden Biden Biden Biden Biden
Biden Biden Biden Biden Biden Biden Biden Biden Biden Biden Biden
Biden Biden Biden Biden Biden Biden Biden Biden Biden Biden Biden
Biden Biden Biden Biden Biden Biden Biden Biden Biden Biden Biden
Biden Biden Biden Biden Biden Biden Biden Biden Biden Biden Biden
Biden Biden Biden Biden Biden Biden Biden Biden Biden Biden Biden
Biden Biden Biden Biden Biden Biden Biden Biden Biden Biden Biden
Biden Biden Biden Biden Biden Biden Biden Biden Biden Biden Biden
Biden Biden Biden Biden Biden Biden Biden Biden Biden Biden Biden
Biden Biden Biden Biden Biden Biden Biden Biden Biden Biden Biden
Biden Biden Biden Biden Biden Biden Biden Biden Biden Biden Biden
Biden Biden Biden Biden Biden Biden Biden Biden Biden Biden Biden
Biden Biden Biden Biden Biden Biden Biden Biden Biden Biden Biden
Biden Biden Biden Biden Biden Biden Biden Biden Biden Biden Biden
Biden Biden Biden Biden Biden Biden Biden Biden Biden Biden Biden
Biden Biden Biden Biden Biden Biden Biden Biden Biden Biden Biden
Biden Biden Biden Biden Biden Biden Biden Biden Biden Biden Biden
Biden Biden Biden Biden Biden Biden Biden Biden Biden Biden Biden
Biden Biden Biden Biden Biden Biden Biden Biden Biden Biden Biden
Biden Biden Biden Biden Biden Biden Biden Biden Biden Biden Biden
Biden Biden Biden Biden Biden Biden Biden! Biden Biden Biden Biden Biden
Biden Biden Biden Biden Biden Biden Biden Biden Biden Biden Biden Biden
Biden Biden Biden Biden Biden Biden Biden Biden Biden Biden Biden
Biden Biden Biden Biden Biden Biden Biden Biden Biden Biden Biden
Biden Biden Biden Biden Biden Biden Biden Biden Biden Biden Biden
Biden Biden Biden Biden Biden Biden Biden Biden Biden Biden Biden Biden

2 BIDEN

Biden Biden

Biden Biden Biden Biden Biden Biden Biden Biden Biden Biden Biden Biden Biden
Biden Biden Biden Biden Biden Biden Biden Biden Biden Biden Biden Biden Biden
Biden Biden Biden Biden Biden Biden Biden Biden Biden Biden Biden Biden Biden
Biden Biden Biden Biden Biden Biden Biden Biden Biden Biden Biden Biden Biden
Biden Biden Biden Biden Biden Biden Biden Biden Biden Biden Biden Biden Biden
Biden Biden Biden Biden Biden Biden Biden Biden Biden Biden Biden Biden Biden
Biden Biden Biden Biden Biden Biden Biden Biden Biden Biden Biden Biden Biden
Biden Biden Biden Biden Biden Biden Biden Biden Biden Biden Biden Biden Biden
Biden Biden Biden Biden Biden Biden Biden Biden Biden Biden Biden Biden Biden
Biden Biden Biden Biden Biden Biden Biden Biden Biden Biden Biden Biden Biden
Biden Biden Biden Biden Biden Biden Biden Biden Biden Biden Biden Biden Biden
Biden Biden Biden Biden Biden Biden Biden Biden Biden Biden Biden Biden Biden
Biden Biden Biden Biden Biden Biden Biden Biden Biden Biden Biden Biden Biden
Biden Biden Biden Biden Biden Biden Biden Biden Biden Biden Biden Biden Biden
Biden Biden Biden Biden Biden Biden Biden Biden Biden Biden Biden Biden Biden
Biden Biden Biden Biden Biden Biden Biden Biden Biden Biden Biden Biden Biden
Biden Biden Biden Biden Biden Biden Biden Biden Biden Biden Biden Biden Biden
Biden Biden Biden Biden Biden Biden Biden Biden Biden Biden Biden Biden Biden
Biden Biden Biden Biden Biden Biden Biden Biden Biden Biden Biden Biden Biden
Biden Biden Biden Biden Biden Biden Biden Biden Biden Biden Biden Biden Biden
Biden Biden Biden Biden Biden Biden Biden Biden Biden Biden Biden Biden Biden
Biden Biden Biden Biden Biden Biden Biden Biden Biden Biden Biden Biden Biden
Biden Biden Biden Biden Biden Biden Biden Biden Biden Biden Biden Biden Biden
Biden Biden Biden Biden Biden Biden Biden Biden Biden Biden Biden Biden Biden
Biden Biden Biden Biden Biden Biden Biden Biden Biden Biden Biden Biden Biden
Biden Biden Biden Biden Biden Biden Biden Biden Biden Biden Biden Biden Biden
Biden Biden Biden Biden Biden Biden Biden Biden Biden Biden Biden Biden Biden
Biden Biden Biden Biden Biden Biden Biden Biden Biden Biden Biden Biden Biden
Biden Biden Biden Biden Biden Biden Biden Biden Biden Biden Biden Biden Biden
Biden Biden Biden Biden Biden Biden Biden Biden Biden Biden Biden Biden Biden
Biden Biden Biden Biden Biden Biden Biden Biden Biden Biden Biden Biden Biden
Biden Biden Biden Biden Biden Biden Biden Biden Biden Biden Biden Biden Biden
Biden Biden Biden Biden Biden Biden Biden Biden Biden Biden Biden Biden Biden
Biden Biden Biden Biden Biden Biden Biden Biden Biden Biden Biden Biden Biden
Biden Biden Biden Biden Biden Biden Biden Biden Biden Biden Biden Biden Biden
Biden Biden Biden Biden Biden Biden Biden Biden Biden Biden Biden Biden Biden
Biden Biden Biden Biden Biden Biden Biden Biden Biden Biden Biden Biden Biden
Biden Biden Biden Biden Biden Biden Biden Biden Biden Biden Biden Biden Biden
Biden Biden Biden Biden Biden Biden Biden Biden Biden Biden Biden Biden Biden

Biden Biden Biden Biden Biden Biden Biden Biden Biden Biden Biden Biden Biden
Biden Biden Biden Biden Biden Biden Biden Biden Biden Biden Biden Biden Biden
Biden Biden Biden Biden Biden Biden Biden Biden Biden Biden Biden Biden Biden
Biden Biden Biden Biden Biden Biden Biden Biden Biden Biden Biden Biden Biden
Biden Biden Biden Biden Biden Biden Biden Biden Biden Biden Biden Biden Biden
Biden Biden Biden Biden Biden Biden Biden Biden Biden Biden Biden Biden Biden
Biden Biden Biden Biden Biden Biden Biden Biden Biden Biden Biden Biden Biden
Biden Biden Biden Biden Biden Biden Biden Biden Biden Biden Biden Biden Biden
Biden Biden Biden Biden Biden Biden Biden Biden Biden Biden Biden Biden Biden
Biden Biden Biden Biden Biden Biden Biden Biden Biden Biden Biden Biden Biden
Biden Biden Biden Biden Biden Biden Biden Biden Biden Biden Biden Biden Biden
Biden Biden Biden Biden Biden Biden Biden Biden Biden Biden Biden Biden Biden
Biden Biden Biden Biden Biden Biden Biden Biden Biden Biden Biden Biden Biden
Biden Biden Biden Biden Biden Biden Biden Biden Biden Biden Biden Biden Biden
Biden Biden Biden Biden Biden Biden Biden Biden Biden Biden Biden Biden Biden
Biden Biden Biden Biden Biden Biden Biden Biden Biden Biden Biden Biden Biden
Biden Biden Biden Biden Biden Biden Biden Biden Biden Biden Biden Biden Biden
Biden Biden Biden Biden Biden Biden Biden Biden Biden Biden Biden Biden Biden
Biden Biden Biden Biden Biden Biden Biden Biden Biden Biden Biden Biden Biden
Biden Biden Biden Biden Biden Biden Biden Biden Biden Biden Biden Biden Biden
Biden Biden Biden Biden Biden Biden Biden Biden Biden Biden Biden Biden Biden
Biden Biden Biden Biden Biden Biden Biden Biden Biden Biden Biden Biden Biden
Biden Biden Biden Biden Biden Biden Biden Biden Biden Biden Biden Biden Biden
Biden Biden Biden Biden Biden Biden Biden Biden Biden Biden Biden Biden Biden
Biden Biden Biden Biden Biden Biden Biden Biden Biden Biden Biden Biden Biden
Biden Biden Biden Biden Biden Biden Biden Biden Biden Biden Biden Biden Biden
Biden Biden Biden Biden Biden Biden Biden Biden Biden Biden Biden Biden Biden
Biden Biden Biden Biden Biden Biden Biden Biden Biden Biden Biden Biden Biden
Biden Biden Biden Biden Biden Biden Biden Biden Biden Biden Biden Biden Biden
Biden Biden Biden Biden Biden Biden Biden Biden Biden Biden Biden Biden Biden
Biden Biden Biden Biden Biden Biden Biden Biden Biden Biden Biden Biden Biden
Biden Biden Biden Biden Biden Biden Biden Biden Biden Biden Biden Biden Biden
Biden Biden Biden Biden Biden Biden Biden Biden Biden Biden Biden Biden Biden
Biden Biden Biden Biden Biden Biden Biden Biden Biden Biden Biden Biden Biden
Biden Biden Biden Biden Biden Biden Biden Biden Biden Biden Biden Biden Biden
Biden Biden Biden Biden Biden Biden Biden Biden Biden Biden Biden Biden Biden
Biden Biden Biden Biden Biden Biden Biden Biden Biden Biden Biden Biden Biden
Biden Biden Biden Biden Biden Biden Biden Biden Biden Biden Biden Biden Biden
Biden Biden Biden Biden Biden Biden Biden Biden Biden Biden Biden Biden Biden
Biden Biden Biden Biden Biden Oh, That Biden Joe! Biden Biden Biden Biden Biden
Biden Biden Biden Biden Biden Biden Biden Biden Biden Biden Biden Biden Biden
Biden Biden Biden Biden Biden Biden Biden Biden Biden Biden Biden Biden Biden
Biden Biden Biden Biden Biden Biden Biden Biden Biden Biden Biden Biden Biden
Biden Biden Biden Biden Biden Biden Biden Biden Biden Biden Biden Biden Biden
Biden Biden Biden Biden Biden Biden Biden Biden Biden Biden Biden Biden Biden

Biden Biden Biden Biden Biden Biden Biden Biden Biden Biden Biden Biden Biden
Biden Biden Biden Biden Biden Biden Biden Biden Biden Biden Biden Biden Biden
Biden Biden Biden Biden Biden Biden Biden Biden Biden Biden Biden Biden Biden
Biden Biden Biden Biden Biden Biden Biden Biden Biden Biden Biden Biden Biden
Biden Biden Biden Biden Biden Biden Biden Biden Biden Biden Biden Biden Biden
Biden Biden Biden Biden Biden Biden Biden Biden Biden Biden Biden Biden Biden
Biden Biden Biden Biden Biden Biden Biden Biden Biden Biden Biden Biden Biden
Biden Biden Biden Biden Biden Biden Biden Biden Biden Biden Biden Biden Biden
Biden Biden Biden Biden Biden Biden Biden Biden Biden Biden Biden Biden Biden
Biden Biden Biden Biden Biden Biden Biden Biden Biden Biden Biden Biden Biden
Biden Biden Biden Biden Biden Biden Biden Biden Biden Biden Biden Biden Biden
Biden Biden Biden Biden Biden Biden Biden Biden Biden Biden Biden Biden Biden
Biden Biden Biden Biden Biden Biden Biden Biden Biden Biden Biden Biden Biden
Biden Biden Biden Biden Biden Biden Biden Biden Biden Biden Biden Biden Biden
Biden Biden Biden Biden Biden Biden Biden Biden Biden Biden Biden Biden Biden
Biden Biden Biden Biden Biden Biden Biden Biden Biden Biden Biden Biden Biden
Biden Biden Biden Biden Biden Biden Biden Biden Biden Biden Biden Biden Biden
Biden Biden Biden Biden Biden Biden Biden Biden Biden Biden Biden Biden Biden
Biden Biden Biden Biden Biden Biden Biden Biden Biden Biden Biden Biden Biden
Biden Biden Biden Biden Biden Biden Biden Biden Biden Biden Biden Biden Biden
Biden Biden Biden Biden Biden Biden Biden Biden Biden Biden Biden Biden Biden
Biden Biden Biden Biden Biden Biden Biden Biden Biden Biden Biden Biden Biden
Biden Biden Biden Biden Biden Biden Biden Biden Biden Biden Biden Biden Biden
Biden Biden Biden Biden Biden Biden Biden Biden Biden Biden Biden Biden Biden
Biden Biden Biden Biden Biden Biden Biden Biden Biden Biden Biden Biden Biden
Biden Biden Biden Biden Biden Biden Biden Biden Biden Biden Biden Biden Biden
Biden Biden Biden Biden Biden Biden Biden Biden Biden Biden Biden Biden Biden
Biden Biden Biden Biden Biden Biden Biden Biden Biden Biden Biden Biden Biden
Biden Biden Biden Biden Biden Biden Biden Biden Biden Biden Biden Biden Biden
Biden Biden Biden Biden Biden Biden Biden Biden Biden Biden Biden Biden Biden
Biden Biden Biden Biden Biden Biden Biden Biden Biden Biden Biden Biden Biden
Biden Biden Biden Biden Biden Biden Biden Biden Biden Biden Biden Biden Biden
Biden Biden Biden Biden Biden Biden Biden Biden Biden Biden Biden Biden Biden
Biden Biden Biden Biden Biden Biden Biden Biden Biden Biden Biden Biden Biden
Biden Biden Biden Biden Biden Biden Biden Biden Biden Biden Biden Biden Biden
Biden Biden Biden Biden Biden Biden Biden Biden Biden Biden Biden Biden Biden
Biden Biden Biden Biden Biden Biden Biden Biden Biden Biden Biden Biden Biden
Biden Biden Biden Biden Biden Biden Biden Biden Biden Biden Biden Biden Biden
Biden Biden Biden Biden Biden Biden Biden Biden Biden Biden Biden Biden Biden
Biden Biden Biden Biden Biden Biden Biden Biden Biden Biden Biden Biden Biden
Biden Biden Biden Biden Biden Biden Biden Biden Biden Biden Biden Biden Biden
Biden Biden Biden Biden Biden Biden Biden Biden Biden Biden Biden Biden Biden
Biden Biden Biden Biden Biden Biden Biden Biden Biden Biden Biden Biden Biden
Biden Biden Biden Biden Biden Biden Biden Biden Biden Biden Biden Biden Biden
Biden Biden Biden Biden Biden Biden Biden Biden Biden Biden Biden Biden Biden Biden.

3 BIDEN

Biden Biden Biden Biden Biden Biden Biden Biden Biden Biden
Biden Biden Biden Biden Biden Biden Biden Biden Biden Biden
Biden Biden Biden Biden Biden Biden Biden Biden Biden Biden
Biden Biden Biden Biden Biden Biden Biden Biden Biden Biden
Biden Biden Biden Biden Biden Biden Biden Biden Biden Biden
Biden Biden Biden Biden Biden Biden Biden Biden Biden Biden
Biden Biden Biden Biden Biden Biden Biden Biden Biden Biden
Biden Biden Biden Biden Biden Biden Biden Biden Biden Biden
Biden Biden Biden Biden Biden Biden Biden Biden Biden Biden
Biden Biden Biden Biden Biden Biden Biden Biden Biden Biden
Biden Biden Biden Biden Biden Biden Biden Biden Biden Biden
Biden Biden Biden Biden Biden Biden Biden Biden Biden Biden
Biden Biden Biden Biden Biden Biden Biden Biden Biden Biden
Biden Biden Biden Biden Biden Biden Biden Biden Biden Biden
Biden Biden Biden Biden Biden Biden Biden Biden Biden Biden
Biden Biden Biden Biden Biden Biden Biden Biden Biden Biden
Biden Biden Biden Biden Biden Biden Biden Biden Biden Biden
Biden Biden Biden Biden Biden Biden Biden Biden Biden Biden
Biden Biden Biden Biden Biden Biden Biden Biden Biden Biden
Biden Biden Biden Biden Biden Biden Biden Biden Biden Biden
Biden Biden Biden Biden Biden Biden Biden Biden Biden Biden
Biden Biden Biden Biden Biden Biden Biden Biden Biden Biden
Biden Biden Biden Biden Biden Biden Biden Biden Biden Biden
Biden Biden Biden Biden Biden Biden Biden Biden Biden Biden
Biden Biden Biden Biden Biden Biden Biden Biden Biden Biden
Biden Biden Biden Biden Biden Biden Biden Biden Biden Biden
Biden Biden Biden Biden Biden Biden Biden Biden Biden Biden

Biden Biden Biden Biden Biden Biden Biden Biden Biden Biden
Biden Biden Biden Biden Biden Biden Biden Biden Biden Biden
Biden Biden Biden Biden Biden Biden Biden Biden Biden Biden
Biden Biden Biden Biden Biden Biden Biden Biden Biden Biden
Biden Biden Biden Biden Biden Biden Biden Biden Biden Biden
Biden Biden Biden Biden Biden Biden Biden Biden Biden Biden
Biden Biden Biden Biden Biden Biden Biden Biden Biden Biden
Biden Biden Biden Biden Biden Biden Biden Biden Biden Biden
Biden Biden Biden Biden Biden Biden Biden Biden Biden Biden
Biden Biden Biden Biden Biden Biden Biden Biden Biden Biden
Biden Biden Biden Biden Biden Biden Biden Biden Biden Biden
Biden Biden Biden Biden Biden Biden Biden Biden Biden Biden
Biden Biden Biden Biden Biden Biden Biden Biden Biden Biden
Biden Biden Biden Biden Biden Biden Biden Biden Biden Biden
Biden Biden Biden Biden Biden Biden Biden Biden Biden Biden
Biden Biden Biden Biden Biden Biden Biden Biden Biden Biden
Biden Biden Biden Biden Biden Biden Biden Biden Biden Biden
Biden Biden Biden Biden Biden Biden Biden Biden Biden Biden
Biden Biden Biden Biden Biden Biden Biden Biden Biden Biden
Biden Biden Biden Biden Biden Biden Biden Biden Biden Biden
Biden Biden Biden Biden Biden Biden Biden Biden Biden Biden
Biden Biden Biden Biden Biden Biden Biden Biden Biden Biden
Biden Biden Biden Biden Biden Biden Biden Biden Biden Biden
Biden Biden Biden Biden Biden Biden Biden Biden Biden Biden
Biden Biden Biden Biden Biden Biden Biden Biden Biden Biden
Biden Biden Biden Biden Biden Biden Biden Biden Biden Biden
Biden Biden Biden Biden Biden Biden Biden Biden Biden Biden
Biden Biden Biden Biden Biden Biden Biden Biden Biden Biden
Biden Biden Biden Biden Biden Biden Biden Biden Biden Biden
Biden Biden Biden Biden Biden Biden Biden Biden Biden Biden
Biden Biden Biden Biden Biden Biden Biden Biden Biden Biden
Biden Biden Biden Biden Biden Biden Biden Biden Biden Biden
Biden Biden Biden Biden Biden Biden Biden Biden Biden Biden
Biden Biden Biden Biden Biden Biden Biden Biden Biden Biden
Biden Biden Biden Biden Biden Biden Biden Biden Biden Biden
Biden Biden Biden Biden Biden Biden Biden Biden Biden Biden
Biden Biden Biden Biden Biden Biden Biden Biden Biden Biden
Biden Biden Biden Biden Biden Biden Biden Biden Biden Biden
Biden Biden Biden Biden Biden Then Uden Biden Biden Biden Biden
Biden Biden Biden Biden Biden Biden Biden Biden Biden Biden
Biden Biden Biden Biden Biden Biden Biden Biden Biden Biden
Biden Biden Biden Biden Biden Biden Biden Biden Biden Biden
Biden Biden Biden Biden Biden Biden Biden Biden Biden Biden
Biden Biden Biden Biden Biden Biden Biden Biden Biden Biden

Biden Biden Biden Biden Biden Biden Biden Biden Biden Biden
Biden Biden Biden Biden Biden Biden Biden Biden Biden Biden
Biden Biden Biden Biden Biden Biden Biden Biden Biden Biden
Biden Biden Biden Biden Biden Biden Biden Biden Biden Biden
Biden Biden Biden Biden Biden Biden Biden Biden Biden Biden
Biden Biden Biden Biden Biden Biden Biden Biden Biden Biden
Biden Biden Biden Biden Biden Biden Biden Biden Biden Biden
Biden Biden Biden Biden Biden Biden Biden Biden Biden Biden
Biden Biden Biden Biden Biden Biden Biden Biden Biden Biden
Biden Biden Biden Biden Biden Biden Biden Biden Biden Biden
Biden Biden Biden Biden Biden Biden Biden Biden Biden Biden
Biden Biden Biden Biden Biden Biden Biden Biden Biden Biden
Biden Biden Biden Biden Biden Biden Biden Biden Biden Biden
Biden Biden Biden Biden Biden Biden Biden Biden Biden Biden
Biden Biden Biden Biden Biden Biden Biden Biden Biden Biden
Biden Biden Biden Biden Biden Biden Biden Biden Biden Biden
Biden Biden Biden Biden Biden Biden Biden Biden Biden Biden
Biden Biden Biden Biden Biden Biden Biden Biden Biden Biden
Biden Biden Biden Biden Biden Biden Biden Biden Biden Biden
Biden Biden Biden Biden Biden Biden Biden Biden Biden Biden
Biden Biden Biden Biden Biden Biden Biden Biden Biden Biden
Biden Biden Biden Biden Biden Biden Biden Biden Biden Biden
Biden Biden Biden Biden Biden Biden Biden Biden Biden Biden
Biden Biden Biden Biden Biden Biden Biden Biden Biden Biden
Biden Biden Biden Biden Biden Biden Biden Biden Biden Biden
Biden Biden Biden Biden Biden Biden Biden Biden Biden Biden
Biden Biden Biden Biden Biden Biden Biden Biden Biden Biden
Biden Biden Biden Biden Biden Biden Biden Biden Biden Biden
Biden Biden Biden Biden Biden Biden Biden Biden Biden Biden
Biden Biden Biden Biden Biden Biden Biden Biden Biden Biden
Biden Biden Biden Biden Biden Biden Biden Biden Biden Biden
Biden Biden Biden Biden Biden Biden Biden Biden Biden Biden
Biden Biden Biden Biden Biden Biden Biden Biden Biden Biden
Biden Biden Biden Biden Then Biden Joe Biden Biden Biden Biden
Biden Biden Biden Biden Biden Biden Biden Biden Biden Biden
Biden Biden Biden Biden Biden Biden Biden Biden Biden Biden
Biden Biden Biden Biden Biden Biden Biden Biden Biden Biden
Biden Biden Biden Biden Biden Biden Biden Biden Biden Biden
Biden Biden Biden Biden Biden Biden Biden Biden Biden Biden
Biden Biden Biden Biden Biden Biden Biden Biden Biden Biden

Biden Biden Biden Biden Biden Biden Biden Biden Biden Biden
Biden Biden Biden Biden Biden Biden Biden Biden Biden Biden
Biden Biden Biden Biden Biden Biden Biden Biden Biden Biden
Biden Biden Biden Biden Biden Biden Biden Biden Biden Biden
Biden Biden Biden Biden Biden Biden Biden Biden Biden Biden
Biden Biden Biden Biden Biden Biden Biden Biden Biden Biden
Biden Biden Biden Biden Biden Biden Biden Biden Biden Biden
Biden Biden Biden Biden Biden Biden Biden Biden Biden Biden
Biden Biden Biden Biden Biden Biden Biden Biden Biden Biden
Biden Biden Biden Biden Biden Biden Biden Biden Biden Biden
Biden Biden Biden Biden Biden Biden Biden Biden Biden Biden
Biden Biden Biden Biden Biden Biden Biden Biden Biden Biden
Biden Biden Biden Biden Biden Biden Biden Biden Biden Biden
Biden Biden Biden Biden Biden Biden Biden Biden Biden Biden
Biden Biden Biden Biden Biden Biden Biden Biden Biden Biden
Biden Biden Biden Biden Biden Biden Biden Biden Biden Biden
Biden Biden Biden Biden Biden Biden Biden Biden Biden Biden
Biden Biden Biden Biden Biden Biden Biden Biden Biden Biden
Biden Biden Biden Biden Biden Biden Biden Biden Biden Biden
Biden Biden Biden Biden Biden Biden Biden Biden Biden Biden
Biden Biden Biden Biden Biden Biden Biden Biden Biden Biden
Biden Biden Biden Biden Biden Biden Biden Biden Biden Biden
Biden Biden Biden Biden Biden Biden Biden Biden Biden Biden
Biden Biden Biden Biden Biden Biden Biden Biden Biden Biden
Biden Biden Biden Biden Biden Biden Biden Biden Biden Biden
Biden Biden Biden Biden Biden Biden Biden Biden Biden Biden
Biden Biden Biden Biden Biden Biden Biden Biden Biden Biden
Biden Biden Biden Biden Biden Biden Biden Biden Biden Biden
Biden Biden Biden Biden Biden Biden Biden Biden Biden Biden
Biden Biden Biden Biden Biden Biden Biden Biden Biden Biden
Biden Biden Biden Biden Biden Biden Biden Biden Biden Biden
Biden Biden Biden Biden Biden Biden Biden Biden Biden Biden
Biden Biden Biden Biden Biden Biden Biden Biden Biden Biden
Biden Biden Biden Biden Biden Biden Biden Biden Biden Biden
Biden Biden Biden Biden Biden Biden Biden Biden Biden Biden
Biden Biden Biden Biden Oh, Then Unden Joe! Biden Biden Biden Biden Biden
Biden Biden Biden Biden Biden Biden Biden Biden Biden Biden
Biden Biden Biden Biden Biden Biden Biden Biden Biden Biden
Biden Biden Biden Biden Biden Biden Biden Biden Biden Biden
Biden Biden Biden Biden Biden Biden Biden Biden Biden Biden
Biden Biden Biden Biden Biden Biden Biden Biden Biden.

4 BIDEN

Biden Biden Biden Biden Biden Biden Biden Biden Biden Biden
Biden Biden Biden Biden Biden Biden Biden Biden Biden Biden
Biden Biden Biden Biden Biden Biden Biden Biden Biden Biden
Biden Biden Biden Biden Biden Biden Biden Biden Biden Biden
Biden Biden Biden Biden Biden Biden Biden Biden Biden Biden
Biden Biden Biden Biden Biden Biden Biden Biden Biden Biden
Biden Biden Biden Biden Biden Biden Biden Biden Biden Biden
Biden Biden Biden Biden Biden Biden Biden Biden Biden Biden
Biden Biden Biden Biden Biden Biden Biden Biden Biden Biden
Biden Biden Biden Biden Biden Biden Biden Biden Biden Biden
Biden Biden Biden Biden Biden Biden Biden Biden Biden Biden
Biden Biden Biden Biden Biden Biden Biden Biden Biden Biden
Biden Biden Biden Biden Biden Biden Biden Biden Biden Biden
Biden Biden Biden Biden Biden Biden Biden Biden Biden Biden
Biden Biden Biden Biden Biden Biden Biden Biden Biden Biden
Biden Biden Biden Biden Biden Biden Biden Biden Biden Biden
Biden Biden Biden Biden Biden Biden Biden Biden Biden Biden
Biden Biden Biden Biden Biden Biden Biden Biden Biden Biden
Biden Biden Biden Biden Biden Biden Biden Biden Biden Biden
Biden Biden Biden Biden Biden Biden Biden Biden Biden Biden
Biden Biden Biden Biden Biden Biden Biden Biden Biden Biden
Biden Biden Biden Biden Biden Biden Biden Biden Biden Biden
Biden Biden Biden Biden Biden Biden Biden Biden Biden Biden
Biden Biden Biden Biden Biden Biden Biden Biden Biden Biden
Biden Biden Biden Biden Biden Biden Biden Biden Biden Biden
Biden Biden Biden Biden Biden Biden Biden Biden Biden Biden
Biden Biden Biden Biden Biden Biden Biden Biden Biden Biden
Biden Biden Biden Biden Biden Biden Biden Biden Biden Biden
Biden Biden Biden Biden Biden Biden Biden Biden Biden Biden
Biden Biden Biden Biden Biden Biden Biden Biden Biden Biden

Biden Biden Biden Biden Biden Biden Biden Biden Biden Biden
Biden Biden Biden Biden Biden Biden Biden Biden Biden Biden
Biden Biden Biden Biden Biden Biden Biden Biden Biden Biden
Biden Biden Biden Biden Biden Biden Biden Biden Biden Biden
Biden Biden Biden Biden Biden Biden Biden Biden Biden Biden
Biden Biden Biden Biden Biden Biden Biden Biden Biden Biden
Biden Biden Biden Biden Biden Biden Biden Biden Biden Biden
Biden Biden Biden Biden Biden Biden Biden Biden Biden Biden
Biden Biden Biden Biden Biden Biden Biden Biden Biden Biden
Biden Biden Biden Biden Biden Biden Biden Biden Biden Biden
Biden Biden Biden Biden Biden Biden Biden Biden Biden Biden
Biden Biden Biden Biden Biden Biden Biden Biden Biden Biden
Biden Biden Biden Biden Biden Biden Biden Biden Biden Biden
Biden Biden Biden Biden Biden Biden Biden Biden Biden Biden
Biden Biden Biden Biden Biden Biden Biden Biden Biden Biden
Biden Biden Biden Biden Biden Biden Biden Biden Biden Biden
Biden Biden Biden Biden Biden Biden Biden Biden Biden Biden
Biden Biden Biden Biden Biden Biden Biden Biden Biden Biden
Biden Biden Biden Biden Biden Biden Biden Biden Biden Biden
Biden Biden Biden Biden Biden Biden Biden Biden Biden Biden
Biden Biden Biden Biden Biden Biden Biden Biden Biden Biden
Biden Biden Biden Biden Biden Biden Biden Biden Biden Biden
Biden Biden Biden Biden Biden Biden Biden Biden Biden Biden
Biden Biden Biden Biden Biden Biden Biden Biden Biden Biden
Biden Biden Biden Biden Biden Biden Biden Biden Biden Biden
Biden Biden Biden Biden Biden Biden Biden Biden Biden Biden
Biden Biden Biden Biden Biden Biden Biden Biden Biden Biden
Biden Biden Biden Biden Biden Biden Biden Biden Biden Biden
Biden Biden Biden Biden Biden Biden Biden Biden Biden Biden
Biden Biden Biden Biden Biden Biden Biden Biden Biden Biden
Biden Biden Biden Biden Biden Biden Biden Biden Biden Biden
Biden Biden Biden Biden Biden Biden Biden Biden Biden Biden
Biden Biden Biden Biden Biden Biden Biden Biden Biden Biden
Biden Biden Biden Biden Biden Biden Biden Biden Biden Biden
Biden Biden Biden Biden Biden Biden Biden Biden Biden Biden
Biden Biden Biden Biden Biden Biden Biden Biden Biden Biden
Biden Biden Biden Biden Biden Biden Biden Biden Biden Biden
Biden Biden Biden Biden Biden Biden Biden Biden Biden Biden
Biden Biden Biden Biden Then Biden Biden Biden Biden Biden
Biden Biden Biden Biden Biden Biden Biden Biden Biden Biden
Biden Biden Biden Biden Biden Biden Biden Biden Biden Biden
Biden Biden Biden Biden Biden Biden Biden Biden Biden Biden
Biden Biden Biden Biden Biden Biden Biden Biden Biden Biden
Biden Biden Biden Biden Biden Biden Biden Biden Biden Biden

*Biden Biden Biden Biden Biden Biden Biden Biden Biden Biden
Biden Biden Biden Biden Biden Biden Biden Biden Biden Biden
Biden Biden Biden Biden Biden Biden Biden Biden Biden Biden
Biden Biden Biden Biden Biden Biden Biden Biden Biden Biden
Biden Biden Biden Biden Biden Biden Biden Biden Biden Biden
Biden Biden Biden Biden Biden Biden Biden Biden Biden Biden
Biden Biden Biden Biden Biden Biden Biden Biden Biden Biden
Biden Biden Biden Biden Biden Biden Biden Biden Biden Biden
Biden Biden Biden Biden Biden Biden Biden Biden Biden Biden
Biden Biden Biden Biden Biden Biden Biden Biden Biden Biden
Biden Biden Biden Biden Biden Biden Biden Biden Biden Biden
Biden Biden Biden Biden Biden Biden Biden Biden Biden Biden
Biden Biden Biden Biden Biden Biden Biden Biden Biden Biden
Biden Biden Biden Biden Biden Biden Biden Biden Biden Biden
Biden Biden Biden Biden Biden Biden Biden Biden Biden Biden
Biden Biden Biden Biden Biden Biden Biden Biden Biden Biden
Biden Biden Biden Biden Biden Biden Biden Biden Biden Biden
Biden Biden Biden Biden Biden Biden Biden Biden Biden Biden
Biden Biden Biden Biden Biden Biden Biden Biden Biden Biden
Biden Biden Biden Biden Biden Biden Biden Biden Biden Biden
Biden Biden Biden Biden Biden Biden Biden Biden Biden Biden
Biden Biden Biden Biden Biden Biden Biden Biden Biden Biden
Biden Biden Biden Biden Biden Biden Biden Biden Biden Biden
Biden Biden Biden Biden Biden Biden Biden Biden Biden Biden
Biden Biden Biden Biden Biden Biden Biden Biden Biden Biden
Biden Biden Biden Biden Biden Biden Biden Biden Biden Biden
Biden Biden Biden Biden Biden Biden Biden Biden Biden Biden
Biden Biden Biden Biden Biden Biden Biden Biden Biden Biden
Biden Biden Biden Biden Biden Biden Biden Biden Biden Biden
Biden Biden Biden Biden Biden Biden Biden Biden Biden Biden
Biden Biden Biden Biden Biden Biden Biden Biden Biden Biden
Biden Biden Biden Biden Biden Biden Biden Biden Biden Biden
Biden Biden Biden Biden Biden Biden Biden Biden Biden Biden
Biden Biden Biden Biden Biden Biden Biden Biden Biden Biden
Biden Biden Biden Biden Biden Biden Biden Biden Biden Biden
Biden Biden Biden Biden Biden Biden Biden Biden Biden Biden*

Biden Biden Biden Biden Biden Biden Biden Biden Biden Biden
Biden Biden Biden Biden Biden Biden Biden Biden Biden Biden
Biden Biden Biden Biden Biden Biden Biden Biden Biden Biden
Biden Biden Biden Biden Biden Biden Biden Biden Biden Biden
Biden Biden Biden Biden Biden Biden Biden Biden Biden Biden
Biden Biden Biden Biden Biden Biden Biden Biden Biden Biden
Biden Biden Biden Biden Biden Biden Biden Biden Biden Biden
Biden Biden Biden Biden Biden Biden Biden Biden Biden Biden
Biden Biden Biden Biden Biden Biden Biden Biden Biden Biden
Biden Biden Biden Biden Biden Biden Biden Biden Biden Biden
Biden Biden Biden Biden Biden Biden Biden Biden Biden Biden
Biden Biden Biden Biden Biden Biden Biden Biden Biden Biden
Biden Biden Biden Biden Biden Biden Biden Biden Biden Biden
Biden Biden Biden Biden Biden Biden Biden Biden Biden Biden
Biden Biden Biden Biden Biden Biden Biden Biden Biden Biden
Biden Biden Biden Biden Biden Biden Biden Biden Biden Biden
Biden Biden Biden Biden Biden Biden Biden Biden Biden Biden
Biden Biden Biden Biden Biden Biden Biden Biden Biden Biden
Biden Biden Biden Biden Biden Biden Biden Biden Biden Biden
Biden Biden Biden Biden Biden Biden Biden Biden Biden Biden
Biden Biden Biden Biden Biden Biden Biden Biden Biden Biden
Biden Biden Biden Biden Biden Biden Biden Biden Biden Biden
Biden Biden Biden Biden Biden Biden Biden Biden Biden Biden
Biden Biden Biden Biden Biden Biden Biden Biden Biden Biden
Biden Biden Biden Biden Biden Biden Biden Biden Biden Biden
Biden Biden Biden Biden Biden Biden Biden Biden Biden Biden
Biden Biden Biden Biden Biden Biden Biden Biden Biden Biden
Biden Biden Biden Biden Biden Biden Biden Biden Biden Biden
Biden Biden Biden Biden Biden Biden Biden Biden Biden Biden
Biden Biden Biden Biden Biden Biden Biden Biden Biden Biden
Biden Biden Biden Biden Biden Biden Biden Biden Biden Biden
Biden Biden Biden Biden Biden Biden Biden Biden Biden Biden
Biden Biden Biden Biden Biden Biden Biden Biden Biden Biden
Biden Biden Biden Biden Biden Biden Biden Biden Biden Biden
Biden Biden Biden Biden Biden Biden Biden Biden Biden Biden
Biden Biden Biden Biden Biden Biden Biden Biden Biden Biden
Biden Biden Biden Biden Biden Biden Biden Biden Biden Biden
Biden Biden Biden Biden Then Uden Biden Biden Biden Biden
Biden Biden Biden Biden Biden Biden Biden Biden Biden Biden
Biden Biden Biden Biden Biden Biden Biden Biden Biden Biden
Biden Biden Biden Biden Biden Biden Biden Biden Biden Biden
Biden Biden Biden Biden Biden Biden Biden Biden Biden Biden
Biden Biden Biden Biden Biden Biden Biden Biden Biden.

5 BIDEN

Biden Biden Biden Biden Biden Biden Biden Biden Biden Biden Biden Biden Biden Biden Biden Biden
Biden Biden Biden Biden Biden Biden Biden Biden Biden Biden Biden Biden Biden Biden Biden Biden
Biden Biden Biden Biden Biden Biden Biden Biden Biden Biden Biden Biden Biden Biden Biden Biden
Biden Biden Biden Biden Biden Biden Biden Biden Biden Biden Biden Biden Biden Biden Biden Biden
Biden Biden Biden Biden Biden Biden Biden Biden Biden Biden Biden Biden Biden Biden Biden Biden
Biden Biden Biden Biden Biden Biden Biden Biden Biden Biden Biden Biden Biden Biden Biden Biden
Biden Biden Biden Biden Biden Biden Biden Biden Biden Biden Biden Biden Biden Biden Biden Biden
Biden Biden Biden Biden Biden Biden Biden Biden Biden Biden Biden Biden Biden Biden Biden Biden
Biden Biden Biden Biden Biden Biden Biden Biden Biden Biden Biden Biden Biden Biden Biden Biden
Biden Biden Biden Biden Biden Biden Biden Biden Biden Biden Biden Biden Biden Biden Biden Biden
Biden Biden Biden Biden Biden Biden Biden Biden Biden Biden Biden Biden Biden Biden Biden Biden
Biden Biden Biden Biden Biden Biden Biden Biden Biden Biden Biden Biden Biden Biden Biden Biden
Biden Biden Biden Biden Biden Biden Biden Biden Biden Biden Biden Biden Biden Biden Biden Biden
Biden Biden Biden Biden Biden Biden Biden Biden Biden Biden Biden Biden Biden Biden Biden Biden
Biden Biden Biden Biden Biden Biden Biden Biden Biden Biden Biden Biden Biden Biden Biden Biden
Biden Biden Biden Biden Biden Biden Biden Biden Biden Biden Biden Biden Biden Biden Biden Biden
Biden Biden Biden Biden Biden Biden Biden Biden Biden Biden Biden Biden Biden Biden Biden Biden
Biden Biden Biden Biden Biden Biden Biden Biden Biden Biden Biden Biden Biden Biden Biden Biden
Biden Biden Biden Biden Biden Biden Biden Biden Biden Biden Biden Biden Biden Biden Biden Biden
Biden Biden Biden Biden Biden Biden Biden Biden Biden Biden Biden Biden Biden Biden Biden Biden
Biden Biden Biden Biden Biden Biden Biden Biden Biden Biden Biden Biden Biden Biden Biden Biden
Biden Biden Biden Biden Biden Biden Biden Biden Biden Biden Biden Biden Biden Biden Biden Biden
Biden Biden Biden Biden Biden Biden Biden Biden Biden Biden Biden Biden Biden Biden Biden Biden
Biden Biden Biden Biden Biden Biden Biden Biden Biden Biden Biden Biden Biden Biden Biden Biden
Biden Biden Biden Biden Biden Biden Biden Biden Biden Biden Biden Biden Biden Biden Biden Biden
Biden Biden Biden Biden Biden Biden Biden Biden Biden Biden Biden Biden Biden Biden Biden Biden
Biden Biden Biden Biden Biden Biden Biden Biden Biden Biden Biden Biden Biden Biden Biden Biden
Biden Biden Biden Biden Biden Biden Biden Biden Biden Biden Biden Biden Biden Biden Biden Biden
Biden Biden Biden Biden Biden Biden Biden Biden Biden Biden Biden Biden Biden Biden Biden Biden
Biden Biden Biden Biden Biden Biden Biden Biden Biden Biden Biden Biden Biden Biden Biden Biden
Biden Biden Biden Biden Biden Biden Biden Biden Biden Biden Biden Biden Biden Biden Biden Biden
Biden Biden Biden Biden Biden Biden Biden Biden Biden Biden Biden Biden Biden Biden Biden Biden
Biden Biden Biden Biden Biden Biden Biden Biden Biden Biden Biden Biden Biden Biden Biden Biden
Biden Biden Biden Biden Biden Biden Biden Biden Biden Biden Biden Biden Biden Biden Biden Biden
Biden Biden Biden Biden Biden Biden Biden Biden Biden Biden Biden Biden Biden Biden Biden Biden

Biden Biden Biden Biden Biden Biden Biden Biden Biden Biden Biden Biden Biden Biden Biden Biden
Biden Biden Biden Biden Biden Biden Biden Biden Biden Biden Biden Biden Biden Biden Biden Biden
Biden Biden Biden Biden Biden Biden Biden Biden Biden Biden Biden Biden Biden Biden Biden Biden
Biden Biden Biden Biden Biden Biden Biden Biden Biden Biden Biden Biden Biden Biden Biden Biden
Biden Biden Biden Biden Biden Biden Biden Biden Biden Biden Biden Biden Biden Biden Biden Biden
Biden Biden Biden Biden Biden Biden Biden Biden Biden Biden Biden Biden Biden Biden Biden Biden
Biden Biden Biden Biden Biden Biden Biden Biden Biden Biden Biden Biden Biden Biden Biden Biden
Biden Biden Biden Biden Biden Biden Biden Biden Biden Biden Biden Biden Biden Biden Biden Biden
Biden Biden Biden Biden Biden Biden Biden Biden Biden Biden Biden Biden Biden Biden Biden Biden
Biden Biden Biden Biden Biden Biden Biden Biden Biden Biden Biden Biden Biden Biden Biden Biden
Biden Biden Biden Biden Biden Biden Biden Biden Biden Biden Biden Biden Biden Biden Biden Biden
Biden Biden Biden Biden Biden Biden Biden Biden Biden Biden Biden Biden Biden Biden Biden Biden
Biden Biden Biden Biden Biden Biden Biden Biden Biden Biden Biden Biden Biden Biden Biden Biden
Biden Biden Biden Biden Biden Biden Biden Biden Biden Biden Biden Biden Biden Biden Biden Biden
Biden Biden Biden Biden Biden Biden Biden Biden Biden Biden Biden Biden Biden Biden Biden Biden
Biden Biden Biden Biden Biden Biden Biden Biden Biden Biden Biden Biden Biden Biden Biden Biden
Biden Biden Biden Biden Biden Biden Biden Biden Biden Biden Biden Biden Biden Biden Biden Biden
Biden Biden Biden Biden Biden Biden Biden Biden Biden Biden Biden Biden Biden Biden Biden Biden
Biden Biden Biden Biden Biden Biden Biden Biden Biden Biden Biden Biden Biden Biden Biden Biden
Biden Biden Biden Biden Biden Biden Biden Biden Biden Biden Biden Biden Biden Biden Biden Biden
Biden Biden Biden Biden Biden Biden Biden Biden Biden Biden Biden Biden Biden Biden Biden Biden
Biden Biden Biden Biden Biden Biden Biden Biden Biden Biden Biden Biden Biden Biden Biden Biden
Biden Biden Biden Biden Biden Biden Biden Biden Biden Biden Biden Biden Biden Biden Biden Biden
Biden Biden Biden Biden Biden Biden Biden Biden Biden Biden Biden Biden Biden Biden Biden Biden
Biden Biden Biden Biden Biden Biden Biden Biden Biden Biden Biden Biden Biden Biden Biden Biden
Biden Biden Biden Biden Biden Biden Biden Biden Biden Biden Biden Biden Biden Biden Biden Biden
Biden Biden Biden Biden Biden Biden Biden Biden Biden Biden Biden Biden Biden Biden Biden Biden
Biden Biden Biden Biden Biden Biden Biden Biden Biden Biden Biden Biden Biden Biden Biden Biden
Biden Biden Biden Biden Biden Biden Biden Biden Biden Biden Biden Biden Biden Biden Biden Biden
Biden Biden Biden Biden Biden Biden Biden Biden Biden Biden Biden Biden Biden Biden Biden Biden
Biden Biden Biden Biden Biden Biden Biden Biden Biden Biden Biden Biden Biden Biden Biden Biden
Biden Biden Biden Biden Biden Biden Biden Biden Biden Biden Biden Biden Biden Biden Biden Biden
Biden Biden Biden Biden Biden Biden Biden Biden Biden Biden Biden Biden Biden Biden Biden Biden
Biden Biden Biden Biden Biden Biden Biden Biden Biden Biden Biden Biden Biden Biden Biden Biden
Biden Biden Biden Biden Biden Biden Biden Biden Biden Biden Biden Biden Biden Biden Biden Biden
Biden Biden Biden Biden Biden Biden Biden Biden Biden Biden Biden Biden Biden Biden Biden Biden
Biden Biden Biden Biden Biden Biden Biden Biden Biden Biden Biden Biden Biden Biden Biden Biden
Biden Biden Biden Biden Biden Biden Biden Biden Biden Biden Biden Biden Biden Biden Biden Biden
Biden Biden Biden Biden Biden Biden Biden Biden Biden Biden Biden Biden Biden Biden Biden Biden
Biden Biden Biden Biden Biden Biden Biden Biden Biden Biden Biden Biden Biden Biden Biden Biden
Biden Biden Biden Biden Biden Biden Biden Biden Biden Biden Biden Biden Biden Biden Biden Biden
Biden Biden Biden Biden Biden Biden Biden Biden Biden Biden Biden Biden Biden Biden Biden Biden
Biden Biden Biden Biden Biden Biden Biden Biden Biden Biden Biden Biden Biden Biden Biden Biden
Biden Biden Biden Biden Biden Biden Biden Biden Biden Biden Biden Biden Biden Biden Biden Biden
Biden Biden Biden Biden Biden Biden Biden Biden Biden Biden Biden Biden Biden Biden Biden Biden
Biden Biden Biden Biden Biden Biden Biden Biden Biden Biden Biden Biden Biden Biden Biden Biden
Biden Biden Biden Biden Biden Biden Biden Biden Biden Biden Biden Biden Biden Biden Biden Biden
Biden Biden Biden Biden Biden Biden Biden Biden Biden Biden Biden Biden Biden Biden Biden Biden
Biden Biden Biden Biden Biden Biden Biden Biden Biden Biden Biden Biden Biden Biden Biden Biden
Biden Biden Biden Biden Biden Biden Biden Biden Biden Biden Biden Biden Biden Biden Biden Biden
Biden Biden Biden Biden Biden Biden Biden Biden Biden Biden Biden Biden Biden Biden Biden Biden
Biden Biden Biden Biden Biden Biden Biden Biden Biden Biden Biden Biden Biden Biden Biden Biden
Biden Biden Biden Biden Biden Biden Biden Biden Biden Biden Biden Biden Biden Biden Biden Biden
Biden Biden Biden Biden Biden Biden Biden Biden Biden Biden Biden Biden Biden Biden Biden Biden
Biden Biden Biden Biden Biden Biden Biden Biden, Then Uncle Joe! Biden Biden Biden Biden Biden Biden
Biden Biden Biden Biden Biden Biden Biden Biden Biden Biden Biden Biden Biden Biden Biden Biden
Biden Biden Biden Biden Biden Biden Biden Biden Biden Biden Biden Biden Biden Biden Biden Biden
Biden Biden Biden Biden Biden Biden Biden Biden Biden Biden Biden Biden Biden Biden Biden Biden
Biden Biden Biden Biden Biden Biden Biden Biden Biden Biden Biden Biden Biden Biden Biden Biden
Biden Biden Biden Biden Biden Biden Biden Biden Biden Biden Biden Biden Biden Biden Biden Biden
Biden Biden Biden Biden Biden Biden Biden Biden Biden Biden Biden Biden Biden Biden Biden Biden
Biden Biden Biden Biden Biden Biden Biden Biden Biden Biden Biden Biden Biden Biden Biden Biden

Oh, That Uncle Joe!

Biden Biden Biden Biden Biden Biden Biden Biden Biden Biden Biden Biden Biden Biden Biden Biden
Biden Biden Biden Biden Biden Biden Biden Biden Biden Biden Biden Biden Biden Biden Biden Biden
Biden Biden Biden Biden Biden Biden Biden Biden Biden Biden Biden Biden Biden Biden Biden Biden
Biden Biden Biden Biden Biden Biden Biden Biden Biden Biden Biden Biden Biden Biden Biden Biden
Biden Biden Biden Biden Biden Biden Biden Biden Biden Biden Biden Biden Biden Biden Biden Biden
Biden Biden Biden Biden Biden Biden Biden Biden Biden Biden Biden Biden Biden Biden Biden Biden
Biden Biden Biden Biden Biden Biden Biden Biden Biden Biden Biden Biden Biden Biden Biden Biden
Biden Biden Biden Biden Biden Biden Biden Biden Biden Biden Biden Biden Biden Biden Biden Biden
Biden Biden Biden Biden Biden Biden Biden Biden Biden Biden Biden Biden Biden Biden Biden Biden
Biden Biden Biden Biden Biden Biden Biden Biden Biden Biden Biden Biden Biden Biden Biden Biden
Biden Biden Biden Biden Biden Biden Biden Biden Biden Biden Biden Biden Biden Biden Biden Biden
Biden Biden Biden Biden Biden Biden Biden Biden Biden Biden Biden Biden Biden Biden Biden Biden
Biden Biden Biden Biden Biden Biden Biden Biden Biden Biden Biden Biden Biden Biden Biden Biden
Biden Biden Biden Biden Biden Biden Biden Biden Biden Biden Biden Biden Biden Biden Biden Biden
Biden Biden Biden Biden Biden Biden Biden Biden Biden Biden Biden Biden Biden Biden Biden Biden
Biden Biden Biden Biden Biden Biden Biden Biden Biden Biden Biden Biden Biden Biden Biden Biden
Biden Biden Biden Biden Biden Biden Biden Biden Biden Biden Biden Biden Biden Biden Biden Biden
Biden Biden Biden Biden Biden Biden Biden Biden Biden Biden Biden Biden Biden Biden Biden Biden
Biden Biden Biden Biden Biden Biden Biden Biden Biden Biden Biden Biden Biden Biden Biden Biden
Biden Biden Biden Biden Biden Biden Biden Biden Biden Biden Biden Biden Biden Biden Biden Biden
Biden Biden Biden Biden Biden Biden Biden Biden Biden Biden Biden Biden Biden Biden Biden Biden
Biden Biden Biden Biden Biden Biden Biden Biden Biden Biden Biden Biden Biden Biden Biden Biden
Biden Biden Biden Biden Biden Biden Biden Biden Biden Biden Biden Biden Biden Biden Biden Biden
Biden Biden Biden Biden Biden Biden Biden Biden Biden Biden Biden Biden Biden Biden Biden Biden
Biden Biden Biden Biden Biden Biden Biden Biden Biden Biden Biden Biden Biden Biden Biden Biden
Biden Biden Biden Biden Biden Biden Biden Biden Biden Biden Biden Biden Biden Biden Biden Biden
Biden Biden Biden Biden Biden Biden Biden Biden Biden Biden Biden Biden Biden Biden Biden Biden
Biden Biden Biden Biden Biden Biden Biden Biden Biden Biden Biden Biden Biden Biden Biden Biden
Biden Biden Biden Biden Biden Biden Biden Biden Biden Biden Biden Biden Biden Biden Biden Biden
Biden Biden Biden Biden Biden Biden Biden Biden Biden Biden Biden Biden Biden Biden Biden Biden
Biden Biden Biden Biden Biden Biden Biden Biden Biden Biden Biden Biden Biden Biden Biden Biden
Biden Biden Biden Biden Biden Biden Biden Biden Biden Biden Biden Biden Biden Biden Biden Biden
Biden Biden Biden Biden Biden Biden Biden Biden Biden Biden Biden Biden Biden Biden Biden Biden
Biden Biden Biden Biden Biden Biden Biden Biden Biden Biden Biden Biden Biden Biden Biden Biden
Biden Biden Biden Biden Biden Biden Biden Biden Biden Biden Biden Biden Biden Biden Biden Biden
Biden Biden Biden Biden Biden Biden Biden Biden Biden Biden Biden Biden Biden Biden Biden Biden
Biden Biden Biden Biden Biden Biden Biden Biden Biden Biden Biden Biden Biden Biden Biden Biden
Biden Biden Biden Biden Biden Biden Biden Biden Biden Biden Biden Biden Biden Biden Biden Biden
Biden Biden Biden Biden Biden Biden Biden Biden Biden Biden Biden Biden Biden Biden Biden Biden
Biden Biden Biden Biden Biden Biden Biden Biden Biden Biden Biden Biden Biden Biden Biden Biden
Biden Biden Biden Biden Biden Biden Biden Biden Biden Biden Biden Biden Biden Biden Biden Biden
Biden Biden Biden Biden Biden Biden Biden Biden Biden Biden Biden Biden Biden Biden Biden Biden
Biden Biden Biden Biden Biden Biden Biden Biden Biden Biden Biden Biden Biden Biden Biden Biden
Biden Biden Biden Biden Biden Biden Biden Biden Biden Biden Biden Biden Biden Biden Biden Biden
Biden Biden Biden Biden Biden Biden Biden Biden Biden Biden Biden Biden Biden Biden Biden Biden
Biden Biden Biden Biden Biden Biden Biden Biden Biden Biden Biden Biden Biden Biden Biden Biden
Biden Biden Biden Biden Biden Biden Biden Biden Biden Biden Biden Biden Biden Biden Biden Biden
Biden Biden Biden Biden Biden Biden Biden Biden Biden Biden Biden Biden Biden Biden Biden Biden
Biden Biden Biden Biden Biden Biden Biden Biden Uiden Biden Biden Biden Biden Biden Biden Biden
Biden Biden Biden Biden Biden Biden Biden Biden Biden Biden Biden Biden Biden Biden Biden Biden
Biden Biden Biden Biden Biden Biden Biden Biden Biden Biden Biden Biden Biden Biden Biden Biden
Biden Biden Biden Biden Biden Biden Biden Biden Biden Biden Biden Biden Biden Biden Biden Biden
Biden Biden Biden Biden Biden Biden Biden Biden Biden Biden Biden Biden Biden Biden Biden Biden
Biden Biden Biden Biden Biden Biden Biden Biden Biden Biden Biden Biden Biden Biden Biden Biden
Biden Biden Biden Biden Biden Biden Biden Biden Biden Biden Biden Biden Biden Biden Biden Biden

Oh, That Uncle Joe!

Biden Biden Biden Biden Biden Biden Biden Biden Biden Biden Biden Biden Biden Biden Biden Biden
Biden Biden Biden Biden Biden Biden Biden Biden Biden Biden Biden Biden Biden Biden Biden Biden
Biden Biden Biden Biden Biden Biden Biden Biden Biden Biden Biden Biden Biden Biden Biden Biden
Biden Biden Biden Biden Biden Biden Biden Biden Biden Biden Biden Biden Biden Biden Biden Biden
Biden Biden Biden Biden Biden Biden Biden Biden Biden Biden Biden Biden Biden Biden Biden Biden
Biden Biden Biden Biden Biden Biden Biden Biden Biden Biden Biden Biden Biden Biden Biden Biden
Biden Biden Biden Biden Biden Biden Biden Biden Biden Biden Biden Biden Biden Biden Biden Biden
Biden Biden Biden Biden Biden Biden Biden Biden Biden Biden Biden Biden Biden Biden Biden Biden
Biden Biden Biden Biden Biden Biden Biden Biden Biden Biden Biden Biden Biden Biden Biden Biden
Biden Biden Biden Biden Biden Biden Biden Biden Biden Biden Biden Biden Biden Biden Biden Biden
Biden Biden Biden Biden Biden Biden Biden Biden Biden Biden Biden Biden Biden Biden Biden Biden
Biden Biden Biden Biden Biden Biden Biden Biden Biden Biden Biden Biden Biden Biden Biden Biden
Biden Biden Biden Biden Biden Biden Biden Biden Biden Biden Biden Biden Biden Biden Biden Biden
Biden Biden Biden Biden Biden Biden Biden Biden Biden Biden Biden Biden Biden Biden Biden Biden
Biden Biden Biden Biden Biden Biden Biden Biden Biden Biden Biden Biden Biden Biden Biden Biden
Biden Biden Biden Biden Biden Biden Biden Biden Biden Biden Biden Biden Biden Biden Biden Biden
Biden Biden Biden Biden Biden Biden Biden Biden Biden Biden Biden Biden Biden Biden Biden Biden
Biden Biden Biden Biden Biden Biden Biden Biden Biden Biden Biden Biden Biden Biden Biden Biden
Biden Biden Biden Biden Biden Biden Biden Biden Biden Biden Biden Biden Biden Biden Biden Biden
Biden Biden Biden Biden Biden Biden Biden Biden Biden Biden Biden Biden Biden Biden Biden Biden
Biden Biden Biden Biden Biden Biden Biden Biden Biden Biden Biden Biden Biden Biden Biden Biden
Biden Biden Biden Biden Biden Biden Biden Biden Biden Biden Biden Biden Biden Biden Biden Biden
Biden Biden Biden Biden Biden Biden Biden Biden Biden Biden Biden Biden Biden Biden Biden Biden
Biden Biden Biden Biden Biden Biden Biden Biden Biden Biden Biden Biden Biden Biden Biden Biden
Biden Biden Biden Biden Biden Biden Biden Biden Biden Biden Biden Biden Biden Biden Biden Biden
Biden Biden Biden Biden Biden Biden Biden Biden Biden Biden Biden Biden Biden Biden Biden Biden
Biden Biden Biden Biden Biden Biden Biden Biden Biden Biden Biden Biden Biden Biden Biden Biden
Biden Biden Biden Biden Biden Biden Biden Biden Biden Biden Biden Biden Biden Biden Biden Biden
Biden Biden Biden Biden Biden Biden Biden Biden Biden Biden Biden Biden Biden Biden Biden Biden
Biden Biden Biden Biden Biden Biden Biden Biden Biden Biden Biden Biden Biden Biden Biden Biden
Biden Biden Biden Biden Biden Biden Biden Biden Biden Biden Biden Biden Biden Biden Biden Biden
Biden Biden Biden Biden Biden Biden Biden Biden Biden Biden Biden Biden Biden Biden Biden Biden
Biden Biden Biden Biden Biden Biden Biden Biden Biden Biden Biden Biden Biden Biden Biden Biden
Biden Biden Biden Biden Biden Biden Biden Biden Biden Biden Biden Biden Biden Biden Biden Biden
Biden Biden Biden Biden Biden Biden Biden Biden Biden Biden Biden Biden Biden Biden Biden Biden
Biden Biden Biden Biden Biden Biden Biden Biden Biden Biden Biden Biden Biden Biden Biden Biden
Biden Biden Biden Biden Biden Biden Biden Biden Biden Biden Biden Biden Biden Biden Biden Biden
Biden Biden Biden Biden Biden Biden Biden Biden Biden Biden Biden Biden Biden Biden Biden Biden
Biden Biden Biden Biden Biden Biden Biden Biden Biden Biden Biden Biden Biden Biden Biden Biden
Biden Biden Biden Biden Biden Biden Biden Biden Biden Biden Biden Biden Biden Biden Biden Biden
Biden Biden Biden Biden Biden Biden Biden Biden Biden Biden Biden Biden Biden Biden Biden Biden
Biden Biden Biden Biden Biden Biden Biden Biden Biden Biden Biden Biden Biden Biden Biden Biden
Biden Biden Biden Biden Biden Biden Biden Biden Biden Biden Biden Biden Biden Biden Biden Biden
Biden Biden Biden Biden Biden Biden Biden Biden Biden Biden Biden Biden Biden Biden Biden Biden
Biden Biden Biden Biden Biden Biden Biden Biden Biden Biden Biden Biden Biden Biden Biden Biden
Biden Biden Biden Biden Biden Biden Biden Biden Biden Biden Biden Biden Biden Biden Biden Biden
Biden Biden Biden Biden Biden Biden Biden Biden Biden Biden Biden Biden Biden Biden Biden Biden
Biden Biden Biden Biden Biden Biden Biden Biden Biden Biden Biden Biden Biden Biden Biden Biden
Biden Biden Biden Biden Biden Biden Biden Biden Biden Biden Biden Biden Biden Biden Biden Biden
Biden Biden Biden Biden Biden Biden Biden Biden Biden Biden Biden Biden Biden Biden Biden Biden
Biden Biden Biden Biden Biden Biden Biden Biden Biden Biden Biden Biden Biden Biden Biden Biden
Biden Biden Biden Biden Biden Biden Biden Thden Unden Joen! Biden Biden Biden Biden Biden Biden
Biden Biden Biden Biden Biden Biden Biden Biden Biden Biden Biden Biden Biden Biden Biden Biden
Biden Biden Biden Biden Biden Biden Biden Biden Biden Biden Biden Biden Biden Biden Biden Biden
Biden Biden Biden Biden Biden Biden Biden Biden Biden Biden Biden Biden Biden Biden Biden Biden
Biden Biden Biden Biden Biden Biden Biden Biden Biden Biden Biden Biden Biden Biden Biden Biden
Biden Biden Biden Biden Biden Biden Biden Biden Biden Biden Biden Biden Biden Biden Biden Biden
Biden Biden Biden Biden Biden Biden Biden Biden Biden Biden Biden Biden Biden Biden Biden.

6 BIDEN

BIDƎИ BIDƎИ BIDƎИ BIDƎИ BIDƎИ BIDƎИ BIDƎИ BIDƎИ BIDƎИ
BIDƎИ BIDƎИ BIDƎИ BIDƎИ BIDƎИ BIDƎИ BIDƎИ BIDƎИ BIDƎИ
BIDƎИ BIDƎИ BIDƎИ BIDƎИ BIDƎИ BIDƎИ BIDƎИ BIDƎИ BIDƎИ
BIDƎИ BIDƎИ BIDƎИ BIDƎИ BIDƎИ BIDƎИ BIDƎИ BIDƎИ BIDƎИ
BIDƎИ BIDƎИ BIDƎИ BIDƎИ BIDƎИ BIDƎИ BIDƎИ BIDƎИ BIDƎИ
BIDƎИ BIDƎИ BIDƎИ BIDƎИ BIDƎИ BIDƎИ BIDƎИ BIDƎИ BIDƎИ
BIDƎИ BIDƎИ BIDƎИ BIDƎИ BIDƎИ BIDƎИ BIDƎИ BIDƎИ BIDƎИ
BIDƎИ BIDƎИ BIDƎИ BIDƎИ BIDƎИ BIDƎИ BIDƎИ BIDƎИ BIDƎИ
BIDƎИ BIDƎИ BIDƎИ BIDƎИ BIDƎИ BIDƎИ BIDƎИ BIDƎИ BIDƎИ
BIDƎИ BIDƎИ BIDƎИ BIDƎИ BIDƎИ BIDƎИ BIDƎИ BIDƎИ BIDƎИ
BIDƎИ BIDƎИ BIDƎИ BIDƎИ BIDƎИ BIDƎИ BIDƎИ BIDƎИ BIDƎИ
BIDƎИ BIDƎИ BIDƎИ BIDƎИ BIDƎИ BIDƎИ BIDƎИ BIDƎИ BIDƎИ
BIDƎИ BIDƎИ BIDƎИ BIDƎИ BIDƎИ BIDƎИ BIDƎИ BIDƎИ BIDƎИ
BIDƎИ BIDƎИ BIDƎИ BIDƎИ BIDƎИ BIDƎИ BIDƎИ BIDƎИ BIDƎИ
BIDƎИ BIDƎИ BIDƎИ BIDƎИ BIDƎИ BIDƎИ BIDƎИ BIDƎИ BIDƎИ
BIDƎИ BIDƎИ BIDƎИ BIDƎИ BIDƎИ BIDƎИ BIDƎИ BIDƎИ BIDƎИ
BIDƎИ BIDƎИ BIDƎИ BIDƎИ BIDƎИ BIDƎИ BIDƎИ BIDƎИ BIDƎИ
BIDƎИ BIDƎИ BIDƎИ BIDƎИ BIDƎИ BIDƎИ BIDƎИ BIDƎИ BIDƎИ
BIDƎИ BIDƎИ BIDƎИ BIDƎИ BIDƎИ BIDƎИ BIDƎИ BIDƎИ BIDƎИ
BIDƎИ BIDƎИ BIDƎИ BIDƎИ BIDƎИ BIDƎИ BIDƎИ BIDƎИ BIDƎИ
BIDƎИ BIDƎИ BIDƎИ BIDƎИ BIDƎИ BIDƎИ BIDƎИ BIDƎИ BIDƎИ
BIDƎИ BIDƎИ BIDƎИ BIDƎИ BIDƎИ BIDƎИ BIDƎИ BIDƎИ BIDƎИ
BIDƎИ BIDƎИ BIDƎИ BIDƎИ BIDƎИ BIDƎИ BIDƎИ BIDƎИ BIDƎИ

BIDƎͶ BIDƎͶ BIDƎͶ BIDƎͶ BIDƎͶ BIDƎͶ BIDƎͶ BIDƎͶ BIDƎͶ
BIDƎͶ BIDƎͶ BIDƎͶ BIDƎͶ BIDƎͶ BIDƎͶ BIDƎͶ BIDƎͶ BIDƎͶ
BIDƎͶ BIDƎͶ BIDƎͶ BIDƎͶ BIDƎͶ BIDƎͶ BIDƎͶ BIDƎͶ BIDƎͶ
BIDƎͶ BIDƎͶ BIDƎͶ BIDƎͶ BIDƎͶ BIDƎͶ BIDƎͶ BIDƎͶ BIDƎͶ
BIDƎͶ BIDƎͶ BIDƎͶ BIDƎͶ BIDƎͶ BIDƎͶ BIDƎͶ BIDƎͶ BIDƎͶ
BIDƎͶ BIDƎͶ BIDƎͶ BIDƎͶ BIDƎͶ BIDƎͶ BIDƎͶ BIDƎͶ BIDƎͶ
BIDƎͶ BIDƎͶ BIDƎͶ BIDƎͶ BIDƎͶ BIDƎͶ BIDƎͶ BIDƎͶ BIDƎͶ
BIDƎͶ BIDƎͶ BIDƎͶ BIDƎͶ BIDƎͶ BIDƎͶ BIDƎͶ BIDƎͶ BIDƎͶ
BIDƎͶ BIDƎͶ BIDƎͶ BIDƎͶ BIDƎͶ BIDƎͶ BIDƎͶ BIDƎͶ BIDƎͶ
BIDƎͶ BIDƎͶ BIDƎͶ BIDƎͶ BIDƎͶ BIDƎͶ BIDƎͶ BIDƎͶ BIDƎͶ
BIDƎͶ BIDƎͶ BIDƎͶ BIDƎͶ BIDƎͶ BIDƎͶ BIDƎͶ BIDƎͶ BIDƎͶ
BIDƎͶ BIDƎͶ BIDƎͶ BIDƎͶ BIDƎͶ BIDƎͶ BIDƎͶ BIDƎͶ BIDƎͶ
BIDƎͶ BIDƎͶ BIDƎͶ BIDƎͶ BIDƎͶ BIDƎͶ BIDƎͶ BIDƎͶ BIDƎͶ
BIDƎͶ BIDƎͶ BIDƎͶ BIDƎͶ BIDƎͶ BIDƎͶ BIDƎͶ BIDƎͶ BIDƎͶ
BIDƎͶ BIDƎͶ BIDƎͶ BIDƎͶ BIDƎͶ BIDƎͶ BIDƎͶ BIDƎͶ BIDƎͶ
BIDƎͶ BIDƎͶ BIDƎͶ BIDƎͶ BIDƎͶ BIDƎͶ BIDƎͶ BIDƎͶ BIDƎͶ
BIDƎͶ BIDƎͶ BIDƎͶ BIDƎͶ BIDƎͶ BIDƎͶ BIDƎͶ BIDƎͶ BIDƎͶ
BIDƎͶ BIDƎͶ BIDƎͶ BIDƎͶ BIDƎͶ BIDƎͶ BIDƎͶ BIDƎͶ BIDƎͶ
BIDƎͶ BIDƎͶ BIDƎͶ BIDƎͶ BIDƎͶ BIDƎͶ BIDƎͶ BIDƎͶ BIDƎͶ
BIDƎͶ BIDƎͶ BIDƎͶ BIDƎͶ BIDƎͶ BIDƎͶ BIDƎͶ BIDƎͶ BIDƎͶ
BIDƎͶ BIDƎͶ BIDƎͶ BIDƎͶ BIDƎͶ BIDƎͶ BIDƎͶ BIDƎͶ BIDƎͶ
BIDƎͶ BIDƎͶ BIDƎͶ BIDƎͶ BIDƎͶ BIDƎͶ BIDƎͶ BIDƎͶ BIDƎͶ
BIDƎͶ BIDƎͶ BIDƎͶ BIDƎͶ BIDƎͶ BIDƎͶ BIDƎͶ BIDƎͶ BIDƎͶ
BIDƎͶ BIDƎͶ BIDƎͶ BIDƎͶ BIDƎͶ BIDƎͶ BIDƎͶ BIDƎͶ BIDƎͶ
BIDƎͶ BIDƎͶ BIDƎͶ BIDƎͶ BIDƎͶ BIDƎͶ BIDƎͶ BIDƎͶ BIDƎͶ
BIDƎͶ BIDƎͶ BIDƎͶ BIDƎͶ BIDƎͶ BIDƎͶ BIDƎͶ BIDƎͶ BIDƎͶ
BIDƎͶ BIDƎͶ BIDƎͶ BIDƎͶ BIDƎͶ BIDƎͶ BIDƎͶ BIDƎͶ BIDƎͶ
BIDƎͶ BIDƎͶ BIDƎͶ BIDƎͶ BIDƎͶ BIDƎͶ BIDƎͶ BIDƎͶ BIDƎͶ
BIDƎͶ BIDƎͶ BIDƎͶ BIDƎͶ BIDƎͶ BIDƎͶ BIDƎͶ BIDƎͶ BIDƎͶ
BIDƎͶ BIDƎͶ BIDƎͶ BIDƎͶ BIDƎͶ BIDƎͶ BIDƎͶ BIDƎͶ BIDƎͶ
BIDƎͶ BIDƎͶ BIDƎͶ BIDƎͶ BIDƎͶ BIDƎͶ BIDƎͶ BIDƎͶ BIDƎͶ
BIDƎͶ BIDƎͶ BIDƎͶ BIDƎͶ BIDƎͶ BIDƎͶ BIDƎͶ BIDƎͶ BIDƎͶ
BIDƎͶ BIDƎͶ BIDƎͶ BIDƎͶ BIDƎͶ BIDƎͶ BIDƎͶ BIDƎͶ BIDƎͶ
BIDƎͶ BIDƎͶ BIDƎͶ BIDƎͶ BIDƎͶ BIDƎͶ BIDƎͶ BIDƎͶ BIDƎͶ
BIDƎͶ BIDƎͶ BIDƎͶ BIDƎͶ BIDƎͶ BIDƎͶ BIDƎͶ BIDƎͶ BIDƎͶ
BIDƎͶ BIDƎͶ BIDƎͶ BIDƎͶ BIDƎͶ BIDƎͶ BIDƎͶ BIDƎͶ BIDƎͶ
BIDƎͶ BIDƎͶ BIDƎͶ BIDƎͶ BIDƎͶ BIDƎͶ BIDƎͶ BIDƎͶ BIDƎͶ
BIDƎͶ BIDƎͶ BIDƎͶ BIDƎͶ BIDƎͶ BIDƎͶ BIDƎͶ BIDƎͶ BIDƎͶ
BIDƎͶ BIDƎͶ BIDƎͶ BIDƎͶ BIDƎͶ BIDƎͶ BIDƎͶ BIDƎͶ BIDƎͶ
BIDƎͶ BIDƎͶ BIDƎͶ BIDƎͶ BIDƎͶ BIDƎͶ BIDƎͶ BIDƎͶ BIDƎͶ

BIDEN BIDEN BIDEN BIDEN BIDEN BIDEN BIDEN BIDEN BIDEN
BIDEN BIDEN BIDEN BIDEN BIDEN BIDEN BIDEN BIDEN BIDEN
BIDEN BIDEN BIDEN BIDEN BIDEN BIDEN BIDEN BIDEN BIDEN
BIDEN BIDEN BIDEN BIDEN BIDEN BIDEN BIDEN BIDEN BIDEN
BIDEN BIDEN BIDEN BIDEN BIDEN BIDEN BIDEN BIDEN BIDEN
BIDEN BIDEN BIDEN BIDEN BIDEN BIDEN BIDEN BIDEN BIDEN
BIDEN BIDEN BIDEN BIDEN BIDEN BIDEN BIDEN BIDEN BIDEN
BIDEN BIDEN BIDEN BIDEN BIDEN BIDEN BIDEN BIDEN BIDEN
BIDEN BIDEN BIDEN BIDEN BIDEN BIDEN BIDEN BIDEN BIDEN
BIDEN BIDEN BIDEN BIDEN BIDEN BIDEN BIDEN BIDEN BIDEN
BIDEN BIDEN BIDEN BIDEN BIDEN BIDEN BIDEN BIDEN BIDEN
BIDEN BIDEN BIDEN BIDEN BIDEN BIDEN BIDEN BIDEN BIDEN
BIDEN BIDEN BIDEN BIDEN BIDEN BIDEN BIDEN BIDEN BIDEN
BIDEN BIDEN BIDEN BIDEN BIDEN BIDEN BIDEN BIDEN BIDEN
BIDEN BIDEN BIDEN BIDEN BIDEN BIDEN BIDEN BIDEN BIDEN
BIDEN BIDEN BIDEN BIDEN BIDEN BIDEN BIDEN BIDEN BIDEN
BIDEN BIDEN BIDEN BIDEN BIDEN BIDEN BIDEN BIDEN BIDEN
BIDEN BIDEN BIDEN BIDEN BIDEN BIDEN BIDEN BIDEN BIDEN
BIDEN BIDEN BIDEN BIDEN BIDEN BIDEN BIDEN BIDEN BIDEN
BIDEN BIDEN BIDEN BIDEN BIDEN BIDEN BIDEN BIDEN BIDEN
BIDEN BIDEN BIDEN BIDEN BIDEN BIDEN BIDEN BIDEN BIDEN
BIDEN BIDEN BIDEN BIDEN BIDEN BIDEN BIDEN BIDEN BIDEN
BIDEN BIDEN BIDEN BIDEN BIDEN BIDEN BIDEN BIDEN BIDEN
BIDEN BIDEN BIDEN BIDEN BIDEN BIDEN BIDEN BIDEN BIDEN
BIDEN BIDEN BIDEN BIDEN BIDEN BIDEN BIDEN BIDEN BIDEN
BIDEN BIDEN BIDEN BIDEN BIDEN BIDEN BIDEN BIDEN BIDEN
BIDEN BIDEN BIDEN BIDEN BIDEN BIDEN BIDEN BIDEN BIDEN
BIDEN BIDEN BIDEN BIDEN BIDEN BIDEN BIDEN BIDEN BIDEN
BIDEN BIDEN BIDEN BIDEN BIDEN BIDEN BIDEN BIDEN BIDEN
BIDEN BIDEN BIDEN BIDEN BIDEN BIDEN BIDEN BIDEN BIDEN
BIDEN BIDEN BIDEN BIDEN BIDEN BIDEN BIDEN BIDEN BIDEN
BIDEN BIDEN BIDEN BIDEN BIDEN BIDEN BIDEN BIDEN BIDEN

BIDEN BIDEN BIDEN BIDEN BIDEN BIDEN BIDEN BIDEN BIDEN
BIDEN BIDEN BIDEN BIDEN BIDEN BIDEN BIDEN BIDEN BIDEN
BIDEN BIDEN BIDEN BIDEN BIDEN BIDEN BIDEN BIDEN BIDEN
BIDEN BIDEN BIDEN BIDEN BIDEN BIDEN BIDEN BIDEN BIDEN
BIDEN BIDEN BIDEN BIDEN BIDEN BIDEN BIDEN BIDEN BIDEN
BIDEN BIDEN BIDEN BIDEN BIDEN BIDEN BIDEN BIDEN BIDEN
BIDEN BIDEN BIDEN BIDEN BIDEN BIDEN BIDEN BIDEN BIDEN
BIDEN BIDEN BIDEN BIDEN BIDEN BIDEN BIDEN BIDEN BIDEN
BIDEN BIDEN BIDEN BIDEN BIDEN BIDEN BIDEN BIDEN BIDEN
BIDEN BIDEN BIDEN BIDEN BIDEN BIDEN BIDEN BIDEN BIDEN
BIDEN BIDEN BIDEN BIDEN BIDEN BIDEN BIDEN BIDEN BIDEN
BIDEN BIDEN BIDEN BIDEN BIDEN BIDEN BIDEN BIDEN BIDEN
BIDEN BIDEN BIDEN BIDEN BIDEN BIDEN BIDEN BIDEN BIDEN
BIDEN BIDEN BIDEN BIDEN BIDEN BIDEN BIDEN BIDEN BIDEN
BIDEN BIDEN BIDEN BIDEN BIDEN BIDEN BIDEN BIDEN BIDEN
BIDEN BIDEN BIDEN BIDEN BIDEN BIDEN BIDEN BIDEN BIDEN
BIDEN BIDEN BIDEN BIDEN BIDEN BIDEN BIDEN BIDEN BIDEN
BIDEN BIDEN BIDEN BIDEN BIDEN BIDEN BIDEN BIDEN BIDEN
BIDEN BIDEN BIDEN BIDEN BIDEN BIDEN BIDEN BIDEN BIDEN
BIDEN BIDEN BIDEN BIDEN BIDEN BIDEN BIDEN BIDEN BIDEN
BIDEN BIDEN BIDEN BIDEN BIDEN BIDEN BIDEN BIDEN BIDEN
BIDEN BIDEN BIDEN BIDEN BIDEN BIDEN BIDEN BIDEN BIDEN
BIDEN BIDEN BIDEN BIDEN BIDEN BIDEN BIDEN BIDEN BIDEN
BIDEN BIDEN BIDEN BIDEN BIDEN BIDEN BIDEN BIDEN BIDEN
BIDEN BIDEN BIDEN BIDEN BIDEN BIDEN BIDEN BIDEN BIDEN
BIDEN BIDEN BIDEN BIDEN BIDEN BIDEN BIDEN BIDEN BIDEN
BIDEN BIDEN BIDEN BIDEN BIDEN BIDEN BIDEN BIDEN BIDEN
BIDEN BIDEN BIDEN BIDEN BIDEN BIDEN BIDEN BIDEN BIDEN
BIDEN BIDEN BIDEN BIDEN BIDEN BIDEN BIDEN BIDEN BIDEN
BIDEN BIDEN BIDEN BIDEN BIDEN BIDEN BIDEN BIDEN BIDEN
BIDEN BIDEN BIDEN BIDEN BIDEN BIDEN BIDEN BIDEN BIDEN
BIDEN BIDEN BIDEN BIDEN BIDEN BIDEN BIDEN BIDEN BIDEN
BIDEN BIDEN BIDEN BIDEN BIDEN BIDEN BIDEN BIDEN BIDEN
BIDEN BIDEN BIDEN BIDEN BIDEN BIDEN BIDEN BIDEN.

7 BIDEN

Biden Biden Biden Biden Biden Biden Biden Biden Biden Biden
Biden Biden Biden Biden Biden Biden Biden Biden Biden Biden
Biden Biden Biden Biden Biden Biden Biden Biden Biden Biden
Biden Biden Biden Biden Biden Biden Biden Biden Biden Biden
Biden Biden Biden Biden Biden Biden Biden Biden Biden Biden
Biden Biden Biden Biden Biden Biden Biden Biden Biden Biden
Biden Biden Biden Biden Biden Biden Biden Biden Biden Biden
Biden Biden Biden Biden Biden Biden Biden Biden Biden Biden
Biden Biden Biden Biden Biden Biden Biden Biden Biden Biden
Biden Biden Biden Biden Biden Biden Biden Biden Biden Biden
Biden Biden Biden Biden Biden Biden Biden Biden Biden Biden
Biden Biden Biden Biden Biden Biden Biden Biden Biden Biden
Biden Biden Biden Biden Biden Biden Biden Biden Biden Biden
Biden Biden Biden Biden Biden Biden Biden Biden Biden Biden
Biden Biden Biden Biden Biden Biden Biden Biden Biden Biden
Biden Biden Biden Biden Biden Biden Biden Biden Biden Biden
Biden Biden Biden Biden Biden Biden Biden Biden Biden Biden
Biden Biden Biden Biden Biden Biden Biden Biden Biden Biden
Biden Biden Biden Biden Biden Biden Biden Biden Biden Biden
Biden Biden Biden Biden Biden Biden Biden Biden Biden Biden
Biden Biden Biden Biden Biden Biden Biden Biden Biden Biden
Biden Biden Biden Biden Biden Biden Biden Biden Biden Biden

Biden Biden Biden Biden Biden Biden Biden Biden Biden Biden
Biden Biden Biden Biden Biden Biden Biden Biden Biden Biden
Biden Biden Biden Biden Biden Biden Biden Biden Biden Biden
Biden Biden Biden Biden Biden Biden Biden Biden Biden Biden
Biden Biden Biden Biden Biden Biden Biden Biden Biden Biden
Biden Biden Biden Biden Biden Biden Biden Biden Biden Biden
Biden Biden Biden Biden Biden Biden Biden Biden Biden Biden
Biden Biden Biden Biden Biden Biden Biden Biden Biden Biden
Biden Biden Biden Biden Biden Biden Biden Biden Biden Biden
Biden Biden Biden Biden Biden Biden Biden Biden Biden Biden
Biden Biden Biden Biden Biden Biden Biden Biden Biden Biden
Biden Biden Biden Biden Biden Biden Biden Biden Biden Biden
Biden Biden Biden Biden Biden Biden Biden Biden Biden Biden
Biden Biden Biden Biden Biden Biden Biden Biden Biden Biden
Biden Biden Biden Biden Biden Biden Biden Biden Biden Biden
Biden Biden Biden Biden Biden Biden Biden Biden Biden Biden
Biden Biden Biden Biden Biden Biden Biden Biden Biden Biden
Biden Biden Biden Biden Biden Biden Biden Biden Biden Biden
Biden Biden Biden Biden Biden Biden Biden Biden Biden Biden
Biden Biden Biden Biden Biden Biden Biden Biden Biden Biden
Biden Biden Biden Biden Biden Biden Biden Biden Biden Biden
Biden Biden Biden Biden Biden Biden Biden Biden Biden Biden
Biden Biden Biden Biden Biden Biden Biden Biden Biden Biden
Biden Biden Biden Biden Biden Biden Biden Biden Biden Biden
Biden Biden Biden Biden Biden Biden Biden Biden Biden Biden
Biden Biden Biden Biden Biden Biden Biden Biden Biden Biden
Biden Biden Biden Biden Biden Biden Biden Biden Biden Biden
Biden Biden Biden Biden Biden Biden Biden Biden Biden Biden
Biden Biden Biden Biden Biden Biden Biden Biden Biden Biden
Biden Biden Biden Biden Biden Biden Biden Biden Biden Biden
Biden Biden Biden Biden Biden Biden Biden Biden Biden Biden
Biden Biden Biden Biden Then Biden Biden Biden Biden Biden
Biden Biden Biden Biden Biden Biden Biden Biden Biden Biden
Biden Biden Biden Biden Biden Biden Biden Biden Biden Biden
Biden Biden Biden Biden Biden Biden Biden Biden Biden Biden
Biden Biden Biden Biden Biden Biden Biden Biden Biden Biden

Biden Biden Biden Biden Biden Biden Biden Biden Biden Biden
Biden Biden Biden Biden Biden Biden Biden Biden Biden Biden
Biden Biden Biden Biden Biden Biden Biden Biden Biden Biden
Biden Biden Biden Biden Biden Biden Biden Biden Biden Biden
Biden Biden Biden Biden Biden Biden Biden Biden Biden Biden
Biden Biden Biden Biden Biden Biden Biden Biden Biden Biden
Biden Biden Biden Biden Biden Biden Biden Biden Biden Biden
Biden Biden Biden Biden Biden Biden Biden Biden Biden Biden
Biden Biden Biden Biden Biden Biden Biden Biden Biden Biden
Biden Biden Biden Biden Biden Biden Biden Biden Biden Biden
Biden Biden Biden Biden Biden Biden Biden Biden Biden Biden
Biden Biden Biden Biden Biden Biden Biden Biden Biden Biden
Biden Biden Biden Biden Biden Biden Biden Biden Biden Biden
Biden Biden Biden Biden Biden Biden Biden Biden Biden Biden
Biden Biden Biden Biden Biden Biden Biden Biden Biden Biden
Biden Biden Biden Biden Biden Biden Biden Biden Biden Biden
Biden Biden Biden Biden Biden Biden Biden Biden Biden Biden
Biden Biden Biden Biden Biden Biden Biden Biden Biden Biden
Biden Biden Biden Biden Biden Biden Biden Biden Biden Biden
Biden Biden Biden Biden Biden Biden Biden Biden Biden Biden
Biden Biden Biden Biden Biden Biden Biden Biden Biden Biden
Biden Biden Biden Biden Biden Biden Biden Biden Biden Biden
Biden Biden Biden Biden Biden Biden Biden Biden Biden Biden
Biden Biden Biden Biden Biden Biden Biden Biden Biden Biden
Biden Biden Biden Biden Biden Biden Biden Biden Biden Biden
Biden Biden Biden Biden Biden Biden Biden Biden Biden Biden
Biden Biden Biden Biden Biden Biden Biden Biden Biden Biden
Biden Biden Biden Biden Biden Biden Biden Biden Biden Biden
Biden Biden Biden Biden Biden Biden Biden Biden Biden Biden
Biden Biden Biden Biden Biden Biden Biden Biden Biden Biden
Biden Biden Biden Biden Biden Biden Biden Biden Biden Biden
Biden Biden Biden Biden Biden Biden Biden Biden Biden Biden
Biden Biden Biden Biden Biden Biden Biden Biden Biden Biden

Biden Biden Biden Biden Biden Biden Biden Biden Biden Biden
Biden Biden Biden Biden Biden Biden Biden Biden Biden Biden
Biden Biden Biden Biden Biden Biden Biden Biden Biden Biden
Biden Biden Biden Biden Biden Biden Biden Biden Biden Biden
Biden Biden Biden Biden Biden Biden Biden Biden Biden Biden
Biden Biden Biden Biden Biden Biden Biden Biden Biden Biden
Biden Biden Biden Biden Biden Biden Biden Biden Biden Biden
Biden Biden Biden Biden Biden Biden Biden Biden Biden Biden
Biden Biden Biden Biden Biden Biden Biden Biden Biden Biden
Biden Biden Biden Biden Biden Biden Biden Biden Biden Biden
Biden Biden Biden Biden Biden Biden Biden Biden Biden Biden
Biden Biden Biden Biden Biden Biden Biden Biden Biden Biden
Biden Biden Biden Biden Biden Biden Biden Biden Biden Biden
Biden Biden Biden Biden Biden Biden Biden Biden Biden Biden
Biden Biden Biden Biden Biden Biden Biden Biden Biden Biden
Biden Biden Biden Biden Biden Biden Biden Biden Biden Biden
Biden Biden Biden Biden Biden Biden Biden Biden Biden Biden
Biden Biden Biden Biden Biden Biden Biden Biden Biden Biden
Biden Biden Biden Biden Biden Biden Biden Biden Biden Biden
Biden Biden Biden Biden Biden Biden Biden Biden Biden Biden
Biden Biden Biden Biden Biden Biden Biden Biden Biden Biden
Biden Biden Biden Biden Biden Biden Biden Biden Biden Biden
Biden Biden Biden Biden Biden Biden Biden Biden Biden Biden
Biden Biden Biden Biden Biden Biden Biden Biden Biden Biden
Biden Biden Biden Biden Biden Biden Biden Biden Biden Biden
Biden Biden Biden Biden Biden Biden Biden Biden Biden Biden
Biden Biden Biden Biden Biden Biden Biden Biden Biden Biden
Biden Biden Biden Biden Biden Biden Biden Biden Biden Biden
Biden Biden Biden Biden Biden Biden Biden Biden Biden Biden
Biden Biden Biden Biden Biden Biden Biden Biden Biden Biden
Biden Biden Biden Biden Biden Biden Biden Biden Biden Biden
Biden Biden Biden Biden Biden Biden Biden Biden Biden Biden
Biden Biden.

8 BIDEN

Biden Biden Biden Biden Biden Biden Biden Biden Biden Biden Biden
Biden Biden Biden Biden Biden Biden Biden Biden Biden Biden Biden
Biden Biden Biden Biden Biden Biden Biden Biden Biden Biden Biden
Biden Biden Biden Biden Biden Biden Biden Biden Biden Biden Biden
Biden Biden Biden Biden Biden Biden Biden Biden Biden Biden Biden
Biden Biden Biden Biden Biden Biden Biden Biden Biden Biden Biden
Biden Biden Biden Biden Biden Biden Biden Biden Biden Biden Biden
Biden Biden Biden Biden Biden Biden Biden Biden Biden Biden Biden
Biden Biden Biden Biden Biden Biden Biden Biden Biden Biden Biden
Biden Biden Biden Biden Biden Biden Biden Biden Biden Biden Biden
Biden Biden Biden Biden Biden Biden Biden Biden Biden Biden Biden
Biden Biden Biden Biden Biden Biden Biden Biden Biden Biden Biden
Biden Biden Biden Biden Biden Biden Biden Biden Biden Biden Biden
Biden Biden Biden Biden Biden Biden Biden Biden Biden Biden Biden
Biden Biden Biden Biden Biden Biden Biden Biden Biden Biden Biden
Biden Biden Biden Biden Biden Biden Biden Biden Biden Biden Biden
Biden Biden Biden Biden Biden Biden Biden Biden Biden Biden Biden
Biden Biden Biden Biden Biden Biden Biden Biden Biden Biden Biden
Biden Biden Biden Biden Biden Biden Biden Biden Biden Biden Biden
Biden Biden Biden Biden Biden Biden Biden Biden Biden Biden Biden
Biden Biden Biden Biden Biden Biden Biden Biden Biden Biden Biden
Biden Biden Biden Biden Biden Biden Biden Biden Biden Biden Biden
Biden Biden Biden Biden Biden Biden Biden Biden Biden Biden Biden
Biden Biden Biden Biden Biden Biden Biden Biden Biden Biden Biden
Biden Biden Biden Biden Biden Biden Biden Biden Biden Biden Biden
Biden Biden Biden Biden Biden Biden Biden Biden Biden Biden Biden

Biden Biden Biden Biden Biden Biden Biden Biden Biden Biden Biden
Biden Biden Biden Biden Biden Biden Biden Biden Biden Biden Biden
Biden Biden Biden Biden Biden Biden Biden Biden Biden Biden Biden
Biden Biden Biden Biden Biden Biden Biden Biden Biden Biden Biden
Biden Biden Biden Biden Biden Biden Biden Biden Biden Biden Biden
Biden Biden Biden Biden Biden Biden Biden Biden Biden Biden Biden
Biden Biden Biden Biden Biden Biden Biden Biden Biden Biden Biden
Biden Biden Biden Biden Biden Biden Biden Biden Biden Biden Biden
Biden Biden Biden Biden Biden Biden Biden Biden Biden Biden Biden
Biden Biden Biden Biden Biden Biden Biden Biden Biden Biden Biden
Biden Biden Biden Biden Biden Biden Biden Biden Biden Biden Biden
Biden Biden Biden Biden Biden Biden Biden Biden Biden Biden Biden
Biden Biden Biden Biden Biden Biden Biden Biden Biden Biden Biden
Biden Biden Biden Biden Biden Biden Biden Biden Biden Biden Biden
Biden Biden Biden Biden Biden Biden Biden Biden Biden Biden Biden
Biden Biden Biden Biden Biden Biden Biden Biden Biden Biden Biden
Biden Biden Biden Biden Biden Biden Biden Biden Biden Biden Biden
Biden Biden Biden Biden Biden Biden Biden Biden Biden Biden Biden
Biden Biden Biden Biden Biden Biden Biden Biden Biden Biden Biden
Biden Biden Biden Biden Biden Biden Biden Biden Biden Biden Biden
Biden Biden Biden Biden Biden Biden Biden Biden Biden Biden Biden
Biden Biden Biden Biden Biden Biden Biden Biden Biden Biden Biden
Biden Biden Biden Biden Biden Biden Biden Biden Biden Biden Biden
Biden Biden Biden Biden Biden Biden Biden Biden Biden Biden Biden
Biden Biden Biden Biden Biden Biden Biden Biden Biden Biden Biden
Biden Biden Biden Biden Biden Biden Biden Biden Biden Biden Biden
Biden Biden Biden Biden Biden Biden Biden Biden Biden Biden Biden
Biden Biden Biden Biden Biden Biden Biden Biden Biden Biden Biden
Biden Biden Biden Biden Biden Biden Biden Biden Biden Biden Biden
Biden Biden Biden Biden Biden Biden Biden Biden Biden Biden Biden
Biden Biden Biden Biden Biden Biden Biden Biden Biden Biden Biden
Biden Biden Biden Biden Biden Biden Biden Biden Biden Biden Biden
Biden Biden Biden Biden Biden Biden Biden Biden Biden Biden Biden
Biden Biden Biden Biden Biden Biden Biden Biden Biden Biden Biden
Biden Biden Biden Biden Biden Biden Biden Biden Biden Biden Biden
Biden Biden Biden Biden Biden Biden Biden Biden Biden Biden Biden
Biden Biden Biden Biden Biden Biden Biden Biden Biden Biden Biden
Biden Biden Biden Biden Oh, That Uncle Joe! Biden Biden Biden Biden Biden Biden
Biden Biden Biden Biden Biden Biden Biden Biden Biden Biden Biden
Biden Biden Biden Biden Biden Biden Biden Biden Biden Biden Biden
Biden Biden Biden Biden Biden Biden Biden Biden Biden Biden Biden
Biden Biden Biden Biden Biden Biden Biden Biden Biden Biden Biden
Biden Biden Biden Biden Biden Biden Biden Biden Biden Biden Biden

Biden Biden Biden Biden Biden Biden Biden Biden Biden Biden Biden
Biden Biden Biden Biden Biden Biden Biden Biden Biden Biden Biden
Biden Biden Biden Biden Biden Biden Biden Biden Biden Biden Biden
Biden Biden Biden Biden Biden Biden Biden Biden Biden Biden Biden
Biden Biden Biden Biden Biden Biden Biden Biden Biden Biden Biden
Biden Biden Biden Biden Biden Biden Biden Biden Biden Biden Biden
Biden Biden Biden Biden Biden Biden Biden Biden Biden Biden Biden
Biden Biden Biden Biden Biden Biden Biden Biden Biden Biden Biden
Biden Biden Biden Biden Biden Biden Biden Biden Biden Biden Biden
Biden Biden Biden Biden Biden Biden Biden Biden Biden Biden Biden
Biden Biden Biden Biden Biden Biden Biden Biden Biden Biden Biden
Biden Biden Biden Biden Biden Biden Biden Biden Biden Biden Biden
Biden Biden Biden Biden Biden Biden Biden Biden Biden Biden Biden
Biden Biden Biden Biden Biden Biden Biden Biden Biden Biden Biden
Biden Biden Biden Biden Biden Biden Biden Biden Biden Biden Biden
Biden Biden Biden Biden Biden Biden Biden Biden Biden Biden Biden
Biden Biden Biden Biden Biden Biden Biden Biden Biden Biden Biden
Biden Biden Biden Biden Biden Biden Biden Biden Biden Biden Biden
Biden Biden Biden Biden Biden Biden Biden Biden Biden Biden Biden
Biden Biden Biden Biden Biden Biden Biden Biden Biden Biden Biden
Biden Biden Biden Biden Biden Biden Biden Biden Biden Biden Biden
Biden Biden Biden Biden Biden Biden Biden Biden Biden Biden Biden
Biden Biden Biden Biden Biden Biden Biden Biden Biden Biden Biden
Biden Biden Biden Biden Biden Biden Biden Biden Biden Biden Biden
Biden Biden Biden Biden Biden Biden Biden Biden Biden Biden Biden
Biden Biden Biden Biden Biden Biden Biden Biden Biden Biden Biden
Biden Biden Biden Biden Biden Biden Biden Biden Biden Biden Biden
Biden Biden Biden Biden Biden Biden Biden Biden Biden Biden Biden
Biden Biden Biden Biden Biden Biden Biden Biden Biden Biden Biden
Biden Biden Biden Biden Biden Biden Biden Biden Biden Biden Biden
Biden Biden Biden Biden Biden Biden Biden Biden Biden Biden Biden
Biden Biden Biden Biden Biden Biden Biden Biden Biden Biden Biden
Biden Biden Biden Biden Biden Biden Biden Biden Biden Biden Biden
Biden Biden Biden Biden Biden Biden Biden Biden Biden Biden Biden
Biden Biden Biden Biden Biden Biden Biden Biden Biden Biden Biden
Biden Biden Biden Biden Biden Biden Biden Biden Biden Biden Biden
Biden Biden Biden Biden Biden Biden Biden Biden Biden Biden Biden
Biden Biden Biden Biden Biden Biden Biden Biden Biden Biden Biden
Biden Biden Biden Biden Biden Biden Biden Biden Biden Biden Biden
Biden Biden Biden Biden Biden Biden Biden Biden Biden Biden Biden

Biden Biden Biden Biden Biden Biden Biden Biden Biden Biden Biden
Biden Biden Biden Biden Biden Biden Biden Biden Biden Biden Biden
Biden Biden Biden Biden Biden Biden Biden Biden Biden Biden Biden
Biden Biden Biden Biden Biden Biden Biden Biden Biden Biden Biden
Biden Biden Biden Biden Biden Biden Biden Biden Biden Biden Biden
Biden Biden Biden Biden Biden Biden Biden Biden Biden Biden Biden
Biden Biden Biden Biden Biden Biden Biden Biden Biden Biden Biden
Biden Biden Biden Biden Biden Biden Biden Biden Biden Biden Biden
Biden Biden Biden Biden Biden Biden Biden Biden Biden Biden Biden
Biden Biden Biden Biden Biden Biden Biden Biden Biden Biden Biden
Biden Biden Biden Biden Biden Biden Biden Biden Biden Biden Biden
Biden Biden Biden Biden Biden Biden Biden Biden Biden Biden Biden
Biden Biden Biden Biden Biden Biden Biden Biden Biden Biden Biden
Biden Biden Biden Biden Biden Biden Biden Biden Biden Biden Biden
Biden Biden Biden Biden Biden Biden Biden Biden Biden Biden Biden
Biden Biden Biden Biden Biden Biden Biden Biden Biden Biden Biden
Biden Biden Biden Biden Biden Biden Biden Biden Biden Biden Biden
Biden Biden Biden Biden Biden Biden Biden Biden Biden Biden Biden
Biden Biden Biden Biden Biden Biden Biden Biden Biden Biden Biden
Biden Biden Biden Biden Biden Biden Biden Biden Biden Biden Biden
Biden Biden Biden Biden Biden Biden Biden Biden Biden Biden Biden
Biden Biden Biden Biden Biden Biden Biden Biden Biden Biden Biden
Biden Biden Biden Biden Biden Biden Biden Biden Biden Biden Biden
Biden Biden Biden Biden Biden Biden Biden Biden Biden Biden Biden
Biden Biden Biden Biden Biden Biden Biden Biden Biden Biden Biden
Biden Biden Biden Biden Biden Biden Biden Biden Biden Biden Biden
Biden Biden Biden Biden Biden Biden Biden Biden Biden Biden Biden
Biden Biden Biden Biden Biden Biden Biden Biden Biden Biden Biden
Biden Biden Biden Biden Biden Biden Biden Biden Biden Biden Biden
Biden Biden Biden Biden Biden Biden Biden Biden Biden Biden Biden
Biden Biden Biden Biden Biden Biden Biden Biden Biden Biden Biden
Biden Biden Biden Biden Biden Biden Biden Biden Biden Biden Biden
Biden Biden Biden Biden Biden Biden Biden Biden Biden Biden Biden
Biden Biden Biden Biden Biden Biden Biden Biden Biden Biden Biden
Biden Biden Biden Biden Biden Biden Biden Biden Biden Biden Biden
Biden Biden Biden Biden Biden Biden Biden Biden Biden Biden Biden
Biden Biden Biden Biden Biden Biden Biden Biden Biden Biden Biden
Biden Biden Biden Biden Biden, Biden Uncle Biden Biden Biden Biden Biden
Biden Biden Biden Biden Biden Biden Biden Biden Biden Biden Biden
Biden Biden Biden Biden Biden Biden Biden Biden Biden Biden Biden
Biden Biden Biden Biden Biden Biden Biden Biden Biden Biden Biden
Biden Biden.

9 BIDEN

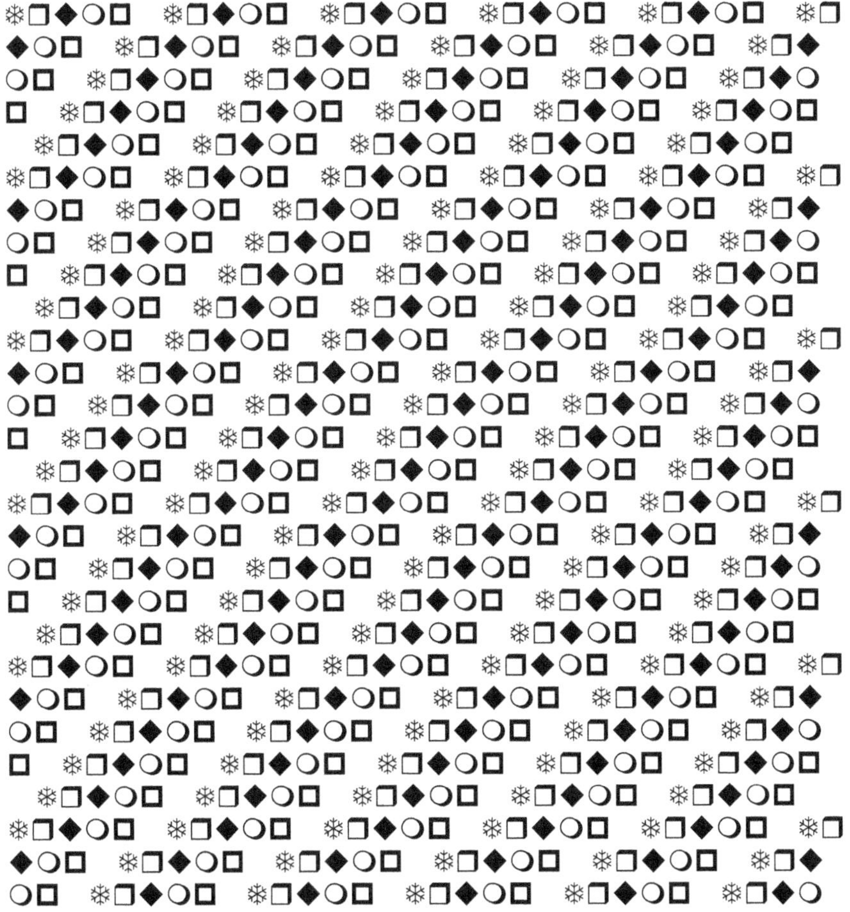

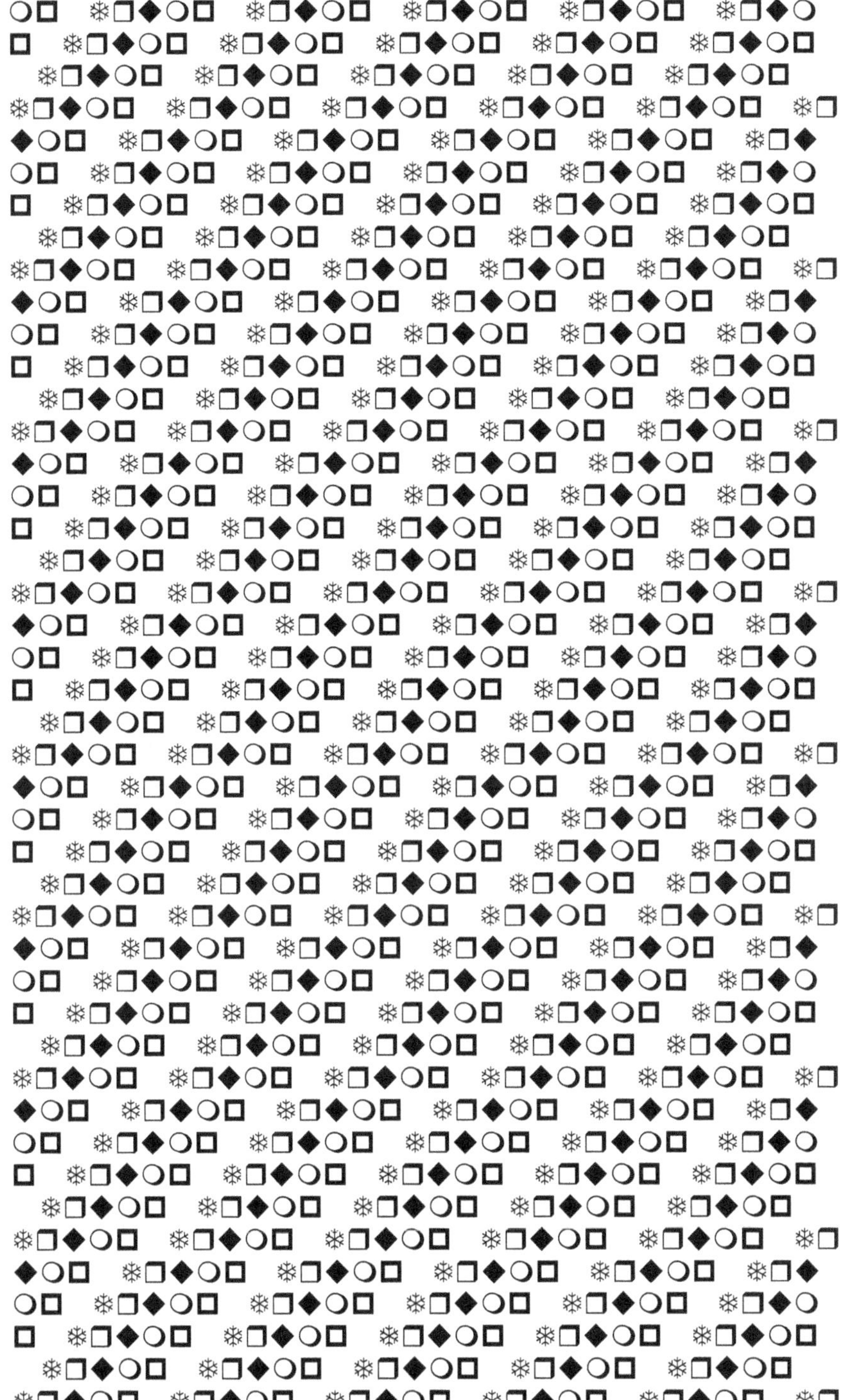

10 BIDEN

**BIDEN BIDEN BIDEN BIDEN BIDEN BIDEN BIDEN BIDEN BIDEN
BIDEN BIDEN BIDEN BIDEN BIDEN BIDEN BIDEN BIDEN BIDEN
BIDEN BIDEN BIDEN BIDEN BIDEN BIDEN BIDEN BIDEN BIDEN
BIDEN BIDEN BIDEN BIDEN BIDEN BIDEN BIDEN BIDEN BIDEN
BIDEN BIDEN BIDEN BIDEN BIDEN BIDEN BIDEN BIDEN BIDEN
BIDEN BIDEN BIDEN BIDEN BIDEN BIDEN BIDEN BIDEN BIDEN
BIDEN BIDEN BIDEN BIDEN BIDEN BIDEN BIDEN BIDEN BIDEN
BIDEN BIDEN BIDEN BIDEN BIDEN BIDEN BIDEN BIDEN BIDEN
BIDEN BIDEN BIDEN BIDEN BIDEN BIDEN BIDEN BIDEN BIDEN
BIDEN BIDEN BIDEN BIDEN BIDEN BIDEN BIDEN BIDEN BIDEN
BIDEN BIDEN BIDEN BIDEN BIDEN BIDEN BIDEN BIDEN BIDEN
BIDEN BIDEN BIDEN BIDEN BIDEN BIDEN BIDEN BIDEN BIDEN
BIDEN BIDEN BIDEN BIDEN BIDEN BIDEN BIDEN BIDEN BIDEN
BIDEN BIDEN BIDEN BIDEN BIDEN BIDEN BIDEN BIDEN BIDEN
BIDEN BIDEN BIDEN BIDEN BIDEN BIDEN BIDEN BIDEN BIDEN
BIDEN BIDEN BIDEN BIDEN BIDEN BIDEN BIDEN BIDEN BIDEN
BIDEN BIDEN BIDEN BIDEN BIDEN BIDEN BIDEN BIDEN BIDEN
BIDEN BIDEN BIDEN BIDEN BIDEN BIDEN BIDEN BIDEN BIDEN
BIDEN BIDEN BIDEN BIDEN BIDEN BIDEN BIDEN BIDEN BIDEN
BIDEN BIDEN BIDEN BIDEN BIDEN BIDEN BIDEN BIDEN BIDEN
BIDEN BIDEN BIDEN BIDEN BIDEN BIDEN BIDEN BIDEN BIDEN
BIDEN BIDEN BIDEN BIDEN BIDEN BIDEN BIDEN BIDEN BIDEN
BIDEN BIDEN BIDEN BIDEN BIDEN BIDEN BIDEN BIDEN BIDEN
BIDEN BIDEN BIDEN BIDEN BIDEN BIDEN BIDEN BIDEN BIDEN
BIDEN BIDEN BIDEN BIDEN BIDEN BIDEN BIDEN BIDEN BIDEN**

BIDEN BIDEN BIDEN BIDEN BIDEN BIDEN BIDEN BIDEN BIDEN
BIDEN BIDEN BIDEN BIDEN BIDEN BIDEN BIDEN BIDEN BIDEN
BIDEN BIDEN BIDEN BIDEN BIDEN BIDEN BIDEN BIDEN BIDEN
BIDEN BIDEN BIDEN BIDEN BIDEN BIDEN BIDEN BIDEN BIDEN
BIDEN BIDEN BIDEN BIDEN BIDEN BIDEN BIDEN BIDEN BIDEN
BIDEN BIDEN BIDEN BIDEN BIDEN BIDEN BIDEN BIDEN BIDEN
BIDEN BIDEN BIDEN BIDEN BIDEN BIDEN BIDEN BIDEN BIDEN
BIDEN BIDEN BIDEN BIDEN BIDEN BIDEN BIDEN BIDEN BIDEN
BIDEN BIDEN BIDEN BIDEN BIDEN BIDEN BIDEN BIDEN BIDEN
BIDEN BIDEN BIDEN BIDEN BIDEN BIDEN BIDEN BIDEN BIDEN
BIDEN BIDEN BIDEN BIDEN BIDEN BIDEN BIDEN BIDEN BIDEN
BIDEN BIDEN BIDEN BIDEN BIDEN BIDEN BIDEN BIDEN BIDEN
BIDEN BIDEN BIDEN BIDEN BIDEN BIDEN BIDEN BIDEN BIDEN
BIDEN BIDEN BIDEN BIDEN BIDEN BIDEN BIDEN BIDEN BIDEN
BIDEN BIDEN BIDEN BIDEN BIDEN BIDEN BIDEN BIDEN BIDEN
BIDEN BIDEN BIDEN BIDEN BIDEN BIDEN BIDEN BIDEN BIDEN
BIDEN BIDEN BIDEN BIDEN BIDEN BIDEN BIDEN BIDEN BIDEN
BIDEN BIDEN BIDEN BIDEN BIDEN BIDEN BIDEN BIDEN BIDEN
BIDEN BIDEN BIDEN BIDEN BIDEN BIDEN BIDEN BIDEN BIDEN
BIDEN BIDEN BIDEN BIDEN BIDEN BIDEN BIDEN BIDEN BIDEN
BIDEN BIDEN BIDEN BIDEN BIDEN BIDEN BIDEN BIDEN BIDEN
BIDEN BIDEN BIDEN BIDEN BIDEN BIDEN BIDEN BIDEN BIDEN
BIDEN BIDEN BIDEN BIDEN BIDEN BIDEN BIDEN BIDEN BIDEN
BIDEN BIDEN BIDEN BIDEN BIDEN BIDEN BIDEN BIDEN BIDEN
BIDEN BIDEN BIDEN BIDEN BIDEN BIDEN BIDEN BIDEN BIDEN
BIDEN BIDEN BIDEN BIDEN BIDEN BIDEN BIDEN BIDEN BIDEN
BIDEN BIDEN BIDEN BIDEN BIDEN BIDEN BIDEN BIDEN BIDEN
BIDEN BIDEN BIDEN BIDEN BIDEN BIDEN BIDEN BIDEN BIDEN
BIDEN BIDEN BIDEN BIDEN BIDEN BIDEN BIDEN BIDEN BIDEN
BIDEN BIDEN BIDEN BIDEN BIDEN BIDEN BIDEN BIDEN BIDEN
BIDEN BIDEN BIDEN BIDEN BIDEN BIDEN BIDEN BIDEN BIDEN
BIDEN BIDEN BIDEN BIDEN BIDEN BIDEN BIDEN BIDEN BIDEN
BIDEN BIDEN BIDEN BIDEN BIDEN BIDEN BIDEN BIDEN BIDEN
BIDEN BIDEN BIDEN BIDEN BIDEN BIDEN BIDEN BIDEN BIDEN
BIDEN BIDEN BIDEN BIDEN That Uncle Joe! BIDEN BIDEN BIDEN
BIDEN BIDEN BIDEN BIDEN BIDEN BIDEN BIDEN BIDEN BIDEN
BIDEN BIDEN BIDEN BIDEN BIDEN BIDEN BIDEN BIDEN BIDEN
BIDEN BIDEN BIDEN BIDEN BIDEN BIDEN BIDEN BIDEN BIDEN
BIDEN BIDEN BIDEN BIDEN BIDEN BIDEN BIDEN BIDEN BIDEN

BIDEN BIDEN BIDEN BIDEN BIDEN BIDEN BIDEN BIDEN BIDEN
BIDEN BIDEN BIDEN BIDEN BIDEN BIDEN BIDEN BIDEN BIDEN
BIDEN BIDEN BIDEN BIDEN BIDEN BIDEN BIDEN BIDEN BIDEN
BIDEN BIDEN BIDEN BIDEN BIDEN BIDEN BIDEN BIDEN BIDEN
BIDEN BIDEN BIDEN BIDEN BIDEN BIDEN BIDEN BIDEN BIDEN
BIDEN BIDEN BIDEN BIDEN BIDEN BIDEN BIDEN BIDEN BIDEN
BIDEN BIDEN BIDEN BIDEN BIDEN BIDEN BIDEN BIDEN BIDEN
BIDEN BIDEN BIDEN BIDEN BIDEN BIDEN BIDEN BIDEN BIDEN
BIDEN BIDEN BIDEN BIDEN BIDEN BIDEN BIDEN BIDEN BIDEN
BIDEN BIDEN BIDEN BIDEN BIDEN BIDEN BIDEN BIDEN BIDEN
BIDEN BIDEN BIDEN BIDEN BIDEN BIDEN BIDEN BIDEN BIDEN
BIDEN BIDEN BIDEN BIDEN BIDEN BIDEN BIDEN BIDEN BIDEN
BIDEN BIDEN BIDEN BIDEN BIDEN BIDEN BIDEN BIDEN BIDEN
BIDEN BIDEN BIDEN BIDEN BIDEN BIDEN BIDEN BIDEN BIDEN
BIDEN BIDEN BIDEN BIDEN BIDEN BIDEN BIDEN BIDEN BIDEN
BIDEN BIDEN BIDEN BIDEN BIDEN BIDEN BIDEN BIDEN BIDEN
BIDEN BIDEN BIDEN BIDEN BIDEN BIDEN BIDEN BIDEN BIDEN
BIDEN BIDEN BIDEN BIDEN BIDEN BIDEN BIDEN BIDEN BIDEN
BIDEN BIDEN BIDEN BIDEN BIDEN BIDEN BIDEN BIDEN BIDEN
BIDEN BIDEN BIDEN BIDEN BIDEN BIDEN BIDEN BIDEN BIDEN
BIDEN BIDEN BIDEN BIDEN BIDEN BIDEN BIDEN BIDEN BIDEN
BIDEN BIDEN BIDEN BIDEN BIDEN BIDEN BIDEN BIDEN BIDEN
BIDEN BIDEN BIDEN BIDEN BIDEN BIDEN BIDEN BIDEN BIDEN
BIDEN BIDEN BIDEN BIDEN BIDEN BIDEN BIDEN BIDEN BIDEN
BIDEN BIDEN BIDEN BIDEN BIDEN BIDEN BIDEN BIDEN BIDEN
BIDEN BIDEN BIDEN BIDEN BIDEN BIDEN BIDEN BIDEN BIDEN
BIDEN BIDEN BIDEN BIDEN BIDEN BIDEN BIDEN BIDEN BIDEN
BIDEN BIDEN BIDEN BIDEN BIDEN BIDEN BIDEN BIDEN BIDEN

BIDEN Uncle BIDEN BIDEN BIDEN BIDEN BIDEN BIDEN BIDEN BIDEN BIDEN BIDEN.

ABOUT THE AUTHOR

The author is an unusual character that may reveal his true identity to the world when the time is right. I sincerely hope that both the Biden lovers and Biden haters enjoy the ridiculousness of this book (since everything included within is most definitely non-partisan).

www.ingramcontent.com/pod-product-compliance
Lightning Source LLC
Chambersburg PA
CBHW060919130726
48001CB00006B/2317